Franz Alt, Bernd Lohse, Helfried Weyer

Aufbruch zur Achtsamkeit

Das Buch

»Hier und jetzt ist der Weg das Glück. Die wichtigste Wegzehrung heißt: Vertrauen, Hoffnung, Liebe. Beim Pilgern in Norwegen geht es darum, nach den Wurzeln zu suchen und gleichzeitig einen Aufbruch zu wagen: Weg von unserer Außenfixiertheit und hin zu anderen Werten, hin zu Gott und zu einer neuen Sensibilität für die gefährdete Schöpfung. Im Raum der Stille können wir der Stimme unseres Herzens lauschen. Dafür brauchen Menschen die Weite, um frei zu werden, den Weg, um gehen zu können und den Himmel, um ein Ziel vor Augen zu haben.«

Franz Alt

Die Autoren

Franz Alt, geb. 1938, ist Journalist und Buchautor. Für sein publizistisches und ökologisches Engagement erhielt er zahlreiche Auszeichnungen, unter anderem den Adolf-Grimme-Preis. Er schreibt Gastkommentare und Hintergrundberichte und berät Konzerne und Regierungen in Energiefragen.

Helfried Weyer, geb. 1939, gehört zu den erfolgreichsten professionellen Vortragsrednern und veröffentlichte zahlreiche Bildbände. Er schuf die ersten Multivisionsvorträge. Als Fotograf wurde er mit dem Kodak-Fotobuchpreis ausgezeichnet.

Bernd Lohse, geb. 1958, ist Pilgerpastor in Hamburg. Nach seiner Arbeit als Journalist wurde er Gemeindepastor. Er ist nebenbei als Autor für den NDR tätig und schreibt Kolumnen. Er veröffentlichte mehrere Bücher, u.a. einen Pilgerführer zum Olavsweg.

Franz Alt · Bernd Lohse · Helfried Weyer

Aufbruch zur Achtsamkeit

Wie Pilgern unser Leben verändert

HERDER

FREIBURG · BASEL · WIEN

HERDER spektrum Band 6810

MIX
Papier aus verantwor-
tungsvollen Quellen
FSC® C083411
www.fsc.org

Titel der Originalausgabe: Aufbruch zur Achtsamkeit
© Kreuz Verlag in der Verlag Herder GmbH, Freiburg im Breisgau 2013

© Verlag Herder GmbH, Freiburg im Breisgau 2016
Alle Rechte vorbehalten
www.herder.de

Umschlaggestaltung: Designbüro Gestaltungssaal
Umschlagmotiv: iStock

Satz: de·te·pe, Aalen
Herstellung: CPI books GmbH, Leck

Printed in Germany

ISBN 978-3-451-06810-2

Inhalt

Als mein Gebet immer innerlicher wurde, hatte ich immer weniger zu sagen ... Ich wurde ein Hörender.

SØREN KIERKEGAARD

Wir widmen dieses Buch allen, die auf der Suche sind.

Vorwort

Am Anfang war ein Traum. Ich schrieb ihn noch in der Nacht auf. Am Tag zuvor hatte ich begonnen, meinen Beitrag für dieses Buch zu schreiben.

Es ist ein Frühlingssonntag 2012. Zusammen mit dem Bruder meines Jungendfreundes und unserer jüngsten Tochter Caren betrete ich eine Kirche. Sie ist voll mit bunt gekleideten jungen Menschen aus allen Kontinenten. Ich höre die mich tief berührende Musik eines Orchesters und empfinde ein Glücksgefühl, wie ich es lange nicht in einer Kirche gespürt habe. Die riesige, sehr modern gebaute Kirche ist überspannt mit einem Kuppeldach aus Beton, dessen Ende ich kaum sehen, sondern nur ahnen kann.

Nach langen Jahren kirchlicher Abstinenz, aber vier erfolgreichen Jesus-Büchern, die ich in den letzten Jahrzehnten geschrieben habe, bietet mir eine Kirche wieder ein heiter-spirituelles Erlebnis – im Traum. Ich durfte das Gefühl tiefen inneren Friedens erleben. Ich war mit dem Herzen im Paradies. Doch was wollte mir dieser Glückstraum sagen?

Hat diese Traum-Kirche etwas mit dem Thema unseres Buches, mit Pilgern und Achtsamkeit zu tun? Hat die Jugend der ganzen Welt Sehnsucht nach glaubwürdiger Spiritualität und Kirche? Kann die Kirche für viele Menschen ein Raum für Glücksgefühle werden? Oder ist der Traum nur ein Hinweis auf meine eigene Suche nach echter Spiritualität und authentischer Kirche? Sind unsere Pilgerreise zwei Jahre zuvor und der jetzt entstehende Text darüber im Traum wiederzufinden? Ist eine Pilgerreise im Alter vielleicht nichts anderes als die Sehnsucht meines einst kindlich-frommen katholischen Glaubens? Oder auch die Sehnsucht nach der heilen Welt, in der meine Kirche scheinbar Antworten auf alle Fragen eines suchenden Kindes hatte?

2010 waren etwa eine halbe Million Pilger auf dem Jakobsweg in Spanien unterwegs. Weniger bekannt ist, dass es auch in Skandinavien uralte Pilgerwege gibt – zum Beispiel den Olavsweg von Oslo nach Trondheim, der 2010 unter dem offiziellen Namen »St. Olavsweg« zum zweiten Europäischen Kulturweg ernannt wurde. Meine Frau Bigi und ich sind im Juli 2010 auf diesem Olavsweg gepilgert – mit einer Gruppe von 14 Pilgern und dem »Pilgerpastor« Bernd Lohse aus Hamburg.

Wie kam es dazu? Wir wollten nicht schnell mal weg wie Hape Kerkeling zehn Jahre zuvor auf den Jakobsweg. Unsere Freunde, die Fotojournalisten Helfried und Renate Weyer, haben uns zu diesem Abenteuer animiert. Pilgern? Und pilgern in Norwegen? Davon hatten wir nie gehört. Wir hatten uns das lange überlegt.

Am Anfang war auch Zweifel. Pilgern, heißt das nicht Morgengebet, Mittagsandacht und Abendmahl? Übernachten in alten Bauernhöfen, Jugendherbergen und auf Matratzenlagern? Unterwegs bei jedem Wetter mit Rucksack und Schlafsack? Und 25 Kilometer gehen pro Tag? Soll ich mir das mit 72 Jahren noch antun? Werde ich im Alter vom Globetrotter zum Globetrottel? Und: Was will ich als Pazifist eigentlich auf dem Weg dieses seltsamen heiligen Olav, der Norwegen vor 1000 Jahren mit Gewalt einte und christianisierte?

Immer wieder stellte ich mir diese Fragen. Aber ich dachte auch: Es kann ja sein, dass ich mir selbst auf die Schliche komme, wenn ich mich auf einen spirituellen Weg mache. Und vielleicht sogar Gott auf die Spur? Sinnfindung durch Selbstfindung? Sagen uns nicht renommierte Geistes- und Naturwissenschaftler seit Langem, dass unsere gestresste und von Burnout-Syndromen geplagte Gesellschaft nichts mehr braucht als Entschleunigung?

Schaffen wir es, die Langsamkeit neu zu entdecken? Oder politisch gefragt: Wie passen Kapitalismus und Innehalten zusammen? Das Dilemma: Einerseits brauchen wir eine Entschleunigung, zum Beispiel beim Energieverbrauch, aber andererseits können wir einige Rettungsprozesse gar nicht schnell genug organisieren, wenn wir den Klimawandel, das Artensterben, die Verwüstung oder die Vernichtung der Regenwälder aufhalten wollen.

Auf viele Fragen gibt es keine einfachen Antworten. Zum Beispiel auf die Frage: Wie wäre es, wenn es Gott wirklich gibt? Oder wenn es ihn nicht gibt? Vielleicht hilft pilgern. Also los! Unser ganzes Leben ist doch eine Pilgerreise. Möglicherweise bietet das Pilgern eine Chance, wegzukommen von der Vertraulichkeit des Gewohnten, hin zur Frage nach dem Sinn des Lebens. Und vielleicht lehrt uns der Pilgerweg auch, auf das Wichtige, das Kleine, das Schöne und das Zarte zu achten.

Dieses Buch erzählt also die Geschichte meines Pilgerwegs nach Trondheim. Es ist vor allem auch eine Geschichte meines inneren Wegs – ich möchte die Gedanken, Gefühle und Gespräche, die mich beschäftigten, weitergeben und sozusagen die Innenansichten einer Pilgerseele zeigen. Die intensive Erfahrung der Natur Norwegens und die Entdeckung der Achtsamkeit beim Pilgern haben mir noch einmal einen neuen Zugang zu meinen Lebensthemen der Solarenergie, des ökologischen Christentums und der Nachhaltigkeit ermöglicht.

Ich hatte das Glück, den Weg nicht allein gehen zu müssen. Meine Frau Bigi, der Hamburger »Pilgerpastor« Bernd Lohse und meine guten Freunde Helfried und Renate Weyer waren Wegbegleiter, die das tiefe Pilgererlebnis für mich noch intensiver erfahrbar machten. Ihretwegen habe ich auch das Glück, auf dem Entstehungsweg dieses Buches nicht allein zu sein. Bernd Lohse, der unseren Olavsweg spirituell begleitete, wird auf dieselbe Weise auch die Texte dieses Buchs begleiten. Seine Beiträge beschäftigen sich mit der geistlichen und christlichen Dimension des Pilgerns, die eingebettet ist in eine jahrhundertealte Tradition und heute von Menschen aller Konfessionen wiederentdeckt wird.

Mein guter Freund, der renommierte Fotograf Helfried Weyer, ist sozusagen ein »alter Hase« auf vielen Pilgerwegen dieser Welt. Seine Reisen führten ihn auf den Jakobsweg, nach Tibet, in die Wüste Sinai und zu den Gangesquellen, häufig begleitet von seiner Frau Renate. Den Olavsweg gingen die beiden bis Dovre zu zweit und schlossen sich dort unserer Gruppe um Bernd Lohse an. Helfried Weyers Beitrag zu diesem Buch schöpft aus seinem überreichen Pilgererfahrungsschatz. Er lässt uns teilhaben an seinen spannenden Pilgerreisen in der ganzen Welt und gewährt einen Blick in seine ganz persönlichen Pilgertagebücher.

Ich beschäftige mich seit 20 Jahren mit Zukunftsthemen wie Solarenergie, ökologisches Bauen, biologische Landwirtschaft, ökologische Verkehrswende, gesunde Böden, frische Luft, sauberes Wasser und nachhaltige Waldwirtschaft. Doch alle Esoterik-Schulen raten mir, mich weniger mit der Zukunft und mehr mit dem »Hier und Jetzt« zu beschäftigen. Das Pilgern hat mir geholfen zu erkennen, dass in der ganzen Menschheitsgeschichte die Zukunft erstmals von unserem gegenwärtigen Verhalten abhängt.

Vor dem Pilgerabenteuer ging mir immer wieder die 2500 Jahre alte Schrift am Tempel zu Delphi durch den Kopf: »Gnoti se auton – erkenne dich selbst.« So steht es zumindest seit Generationen in deutschen Schulbüchern. Doch dabei wird der springende Punkt schlicht unterschlagen: Im Inneren des Tempels gab es die Fortsetzung der Schrift im Außen. Dort steht die Pointe der oft zitierten Weisheit: »… damit du Gott erkennst.« Selbsterkenntnis ist also kein Selbstzweck und keine Ego-Befriedigung, sondern ein Weg zur Gotteserkenntnis. Ob ich diesem Ziel unseres Lebens durch eine Pilgerreise wohl etwas näher kommen kann?

Dass Gottessuche und Gotteserkenntnis das Ziel unseres

Hierseins sind, war mir schon als Kind klar. Als Achtjähriger hatte ich im Religionsunterricht auf die Katechismus-Frage: »Wozu sind wir auf Erden?« auswendig diese Antwort gelernt: »Um Gottes heiligen Willen zu tun und dadurch in den Himmel zu kommen.« Na ja! Ist das nicht naiver Kinderglaube? Und kann dieser Satz als Fundament auch ein Erwachsenenleben lang tragen? Jahrzehnte später stellte ich als Moderator bei einem Diskussionsabend in der Katholischen Akademie München dieselbe naive Frage den weltbekannten Theologen Hans Küng, Johann Baptist Metz, Karl Rahner und Edward Schillebeeckx. Ihre Antwort war im Kern dieselbe, die ich als Kind auswendig gelernt hatte. In anderen Worten vielleicht, aber im Grunde könne man noch genau so antworten, meinten die klugen Theologen übereinstimmend. »Wohin gehen wir?«, hat schon Novalis gefragt. Seine schlichte Antwort: »Immer nach Hause.«

AUFBRUCH

---

*Wenn du ein Schiff bauen willst,
so trommle nicht Männer zusammen,
um Holz zu beschaffen, Werkzeuge vorzubereiten,
die Arbeit einzuteilen und Aufgaben zu vergeben,
sondern lehre die Männer die Sehnsucht
nach dem endlos weiten Meer.*

ANTOINE DE SAINT EXUPÉRY: Die Stadt in der Wüste

Aufbruch auf dem Olavsweg

FRANZ ALT

Bigi und ich waren noch nie zuvor pilgern. Unsere Pilgergruppe trifft sich erstmals am 14. Juli 2010 vor der St. Jacobi-Kirche in Hamburg. Zunächst bieten sich alle 15 Pilger das Du an. Verordnete Vertrautheit ist ungewohnt für mich. Aber na schön! Wenn's nicht schlimmer kommt!

Wer achtsam ist, akzeptiert die Dinge, ohne sie zu bewerten, lerne ich später.

Die Pastorin Christiane de Vos gibt uns den Reisesegen. Wir fahren mit zwei Kleinbussen von Hamburg ins dänische Fredrikshavn und von dort mit der Fähre nach Oslo. Die Überfahrt bietet eine erste Möglichkeit, sich vom Alltag zu lösen. Vorher sehen wir noch die imposante Hinweistafel vor Hamburgs Pilgerkirche, die die Entfernung zu wichtigen christlichen Pilgerstätten anzeigt: Rom 1706 km, Santiago 2500 km, Trondheim 1416 km, Loccum 185 km, Vadstena 750 km, Jerusalem 4000 km.

Am ersten Abend sehne ich mich einer erholsamen Nacht entgegen. Eine trügerische Hoffnung. Schnarch gleich im Terzett! Wir übernachten in einem Gemeindezentrum. Im Gemeinschaftsschlafsaal der Männer gibt es ein Schnarchkonzert, wie ich noch nie eines gehört hatte. Darauf bin ich überhaupt nicht vorbereitet. Warum tue ich mir das an?, frage ich mich. Ab zwei Uhr grüble ich darüber nach, worüber ich die nächsten Stunden noch nachgrübeln könnte. Bis fünf Uhr finde ich überhaupt keinen Schlaf. Eiskalt breitet sich die innere Leere aus wie der Nebel im November. Bei Tagesanbruch will ich nicht mehr länger an mein gemütliches Bett zu Hause denken, sondern flüchte mit meinem Schlafsack unter eine Treppe im Nachbarraum. Nur weg vom Schnarchkonzert. Zunächst aber ärgere ich mich, dass mir diese glorreiche Idee nicht früher kam, und kann wieder nicht schlafen. Als ich dann endlich beim Einschlafen bin, geht die Tür auf und ein Mitpilger, der wohl auch keinen Schlaf findet, steigt über mir die Treppe hinauf. Ich gebe endgültig auf. Und mein Entschluss steht fest: Ich werde nie mehr pilgern!

Beim Frühstück erzählen fast alle von ähnlichen Erfahrungen der letzten Nacht und wir lachen zusammen. Na ja. Das kann ja heiter werden. Unser Pilgerpastor sorgte ab der zweiten Nacht dafür, dass Bigi und ich fast immer ein Doppelzimmer bekamen – für uns allein. Das erste »Wunder« dieser Pilgerreise!

Lektion Nummer eins unseres Pilgerweges:
Weniger aufregen und schon gar nicht, wenn du an einer Situation sowieso nichts ändern kannst.

Meinen Freund, den Dalai Lama, habe ich mal gefragt, warum er immer so gelassen und heiter sei und ihn gar nichts aus der Ruhe bringen könne. Seine Antwort: »Ich rege mich schon deshalb nicht auf, weil ich mich ja anschließend wieder abregen müsste. Und das ist mir einfach zu anstrengend.« Ausgangspunkt unserer Tour ist die »schönste Kirche der Welt«, so eine Mitpilgerin. Die alte Kathedrale in Hamar ist der ideale Startplatz zu einem anderen geistlichen Zentrum, zur Kathedrale von Nidaros, wie Trondheim im Mittelalter hieß.

Es ist tatsächlich eine der schönsten Kirchen der Welt – die Kathedrale in Glas von Hamar. Die alte Domruine liegt unter einem spektakulären, etwa 70 Meter langen und über 35 Meter breiten Glasdach. Hier empfangen wir den Pilgersegen unseres Pastors Bernd Lohse. Er evangelisch, ich katholisch – beim Pilgern spielt das überhaupt keine Rolle. Und auch sonst könnte uns das 2000 Jahre nach Jesus schnuppe sein, wenn wir nur etwas von ihm wirklich verstanden hätten.

Hamar existierte schon vor 1000 Jahren zu König Olavs Zeiten. Vor 800 Jahren wurde hier eine Domkirche gebaut, ähnlich gewaltig wie der Dom zu Nidaros. Schwedische Truppen zerstörten ihn im 17. Jahrhundert. Von der Kirche blieben nur einige Mauerreste übrig. Nachdem das Land nach 1905 erstmals ohne fremde Besatzer existierte, wollten die traditionsbewussten Norweger ihre gotische Domkirche erhalten, aber in moderner Form. So bauten zwei geniale Architekten eine gewaltige Stahlkonstruktion über die 400 Jahre alte Domruine und überdachten sie mit 4.800 Quadratmetern Glas. Es entstand eine einmalige Kirche in der Kirche, mit einer wundervollen Akustik für Konzerte und Theateraufführungen und einer bezaubernden Atmosphäre. Die schwedischen Soldaten haben zwar einen Dom zerstört, aber ihr Gotteshaus konnten sie den Norwegern nicht nehmen.

Von dieser Kirche geht eine große Kraft aus. Das spüre ich sofort. Bigi meint: »Ein starker Ort mit viel Richtigkeit.«

Ich habe das Empfinden, mitten in einem gläsernen gotischen Dom zu stehen. Auch wenn ein klassisches Kirchengewölbe in diesem Glaskasten fehlt – eingewölbt ist diese Kirche dennoch: Der Himmel überspannt den Sakralbau im Glasmantel. Ein einzigartiger Gebetsort, hell und offen.

Wir stellen uns im Halbkreis um den Altar und Bernd gibt uns den Pilgersegen. Er betet:

> Gott, wir danken Dir, dass Du die beschützt, die Dich suchen. Wir danken Dir, dass Du die leitest, die auf Dich hoffen.
> Wir bitten Dich um Deinen Segen, wenn wir nun aufbrechen zu unserem Pilgerweg.
> Bewahre uns vor allem Übel, dass kein Schaden uns treffe.
> Behüte Du unsere Körper und Seelen.
> Hilf uns mit einem offenen Blick für das einzustehen, was Du uns auf diesem Weg zeigen willst.

*Und wenn wir unser Ziel erreichen, hilf Du, Deine
Stimme zu hören.
Öffne uns für die Erneuerung des Glaubens und
Lebens.*

Bleiben solche Gebete unverbindlich-fromme Wünsche
oder werden wir »Gottes Stimme« beim Pilgern wirklich
hören?, frage ich mich etwas ungläubig. Und in welcher
Tonlage bitte? Gemeinsam singen wir das Lied »Vertraut
den neuen Wegen ...« Neue Wege: Körper, Geist und Seele
brauchen immer neue Herausforderungen – wahrscheinlich
bis zum letzten Atemzug.

Der Ruf der Seele

BERND LOHSE

Der Weg ist das Ziel: Diese schnell dahingesagte Pseudo-
weisheit scheint uns auf den ersten Blick einzuleuchten.
Aber ist der Weg selbst schon Ziel? Das ist glücklicherweise
nicht so. Der Weg hat eine bedeutende Qualität, aber wenn
er Ziel wäre, würde das ganze Leben zu einem endlosen
Kreisen um sich selbst, einem Kreisen ohne weiteres Ziel,
ohne Erlösung, ohne Glück und ohne die Schmerzen des
Ankommens. Der Weg ist Weg und als solcher das Medium,
um an bekannte oder unbekannte Ziele zu gelangen, an erwartete oder auch an überraschende. So wie unser ganzes
Leben an ein Ziel kommen wird und kommen darf, dürfen
auch wir auf dem langen Lebensweg viele einzelne Wege gehen und Ziele erreichen. Wir sind nicht gezwungen, immer
auf dem Weg zu bleiben, aber der Ruf und die Lust zum Unterwegssein sind unsere Begleiter durchs Leben.

Über allem Wandeln steht: Wir sind befreit aus der Bezo-
genheit auf uns selbst und dürfen – gerade beim Pilgern – erleben, dass wir in einen weit größeren Zusammenhang gehören als den, den wir uns vorstellen können. Wir beginnen
zu ahnen, dass es einen Sinn hat mit dem Leben, den wir
uns nicht selbst geben, den wir aber unterwegs entdecken
können.

Unterwegssein hat einen eigenen geistlichen Wert: Der
Weg selbst ist ein vieldeutiges Symbol und Übungsfeld in einem: Er ist es, wo wir wandeln und gewandelt werden, wo
Bewusstwerden, Grenzerfahrung und Begegnung sich er-
eignen. Auf dem Weg lernen wir staunen und werden achtsam. Zur Qualität des Wegs gehört, dass wir Unvorhergese-
henem begegnen, Herausforderungen bestehen können
oder an ihnen scheitern, dass wir erleben, wie prägend Be-

gegnungen und Einsamkeit werden. Wir erleben Schmerz und Heilung, erfahren Hunger, Durst, Müdigkeit und Gastfreundschaft, treffen auf Liebe und die verborgenen Seiten in uns selbst und merken, wie wenig wir zu einem glücklichen Leben wirklich brauchen. Wir sind nicht die ersten, die gehen, sondern Nachfolger der uralten biblischen Erzählung: der Geschichte Gottes mit den Menschen, eines Gottes, der mitgeht und in Gestalt des Jesus von Nazareth sogar hineingeht in diese Welt, um mit den Menschen Wege zu gehen.

Ein Pilgerweg ist anders als ein Wanderweg, er ist ein geistlicher Weg, der seine Existenz aus der Transzendenz nimmt: der Suche nach dem Ganz-Anderen, nach dem Größeren, nach Wahrhaftigkeit, nach Echtheit und Liebe, nach Begegnung mit dem unbekannten Ich und der Seele der Schöpfung. Anders als beim Wandern gehen wir einen äußeren und einen inneren Weg.

Pilgern ist religiös. In allen Religionen dieser Welt wird gepilgert. Immer geht es um Heil, Begegnung mit dem Heiligen, um die Kontrasterfahrung des »anderen Ortes«, die Begegnung mit Glaubensüberlieferung, Riten und den existenziellen Fragen des Lebens. Wer pilgert, nimmt Kontakt zur Sphäre des Heiligen auf, ob unterwegs oder an einem »aufgeladenen« Ort. Das Heilige ist mobil und mit den Pilgernden auf dem Weg, ebenso wie es an heiligen Orten erfahrbar werden kann. Und dennoch bleibt uns das Heilige unverfügbar. Wir machen es nicht, aber wir dürfen seine Wirksamkeit erleben.

Wer pilgert, nimmt unwillkürlich Kontakt zu einer Glaubenstradition auf. Diesem Buch zugrunde liegt die christliche Tradition mit ihrem wesentlichen Merkmal: dem Weg. So wie die Jesus-Bewegung damals in Galiläa »Gemeinschaft des neuen Wegs« genannt wurde und sich die Jünger nach Ostern mit dem Evangelium auf den Weg bis an die Enden der Welt gemacht haben, so sehr ist das Christentum »a religion made for travel« (Viggo Mortensen, Vortrag in

Arhus im März 2012). Suchend, glaubend unterwegs zu sein ist elementar für die von Jesus inspirierten Menschen. Wir dürfen gespannt sein, wie die Pilgerbewegung verändernd auf die Kirchen wirken wird.

Am Anfang jeder Pilgerreise steht ein Impuls: Ein Mensch erlebt, dass ihn etwas unmittelbar berührt. Es kann der begeisterte Bericht einer Pilgernden sein, das Buch eines Comedian oder ein Fernsehfilm. Es kann sein, dass es ein bestimmtes Wort ist: Heil, Freiheit, Spanien oder Norwegen. Manchmal ist es der Reiz des Historischen, die Sehnsucht, sich den Vorausgegangenen anzuschließen. Oder es ist das Gefühl: Etwas muss passieren, so geht es nicht weiter. Am Anfang jeder Pilgerbiografie steht ein existenzielles Bedürfnis. Etwas bricht auf in einem Menschen. Es kann wie ein Ruf in der Seele widerklingen, es kann eine Sehnsucht sein oder ein Traum, eine Illusion oder kühle Überlegung. Bevor jemand zu einem Pilgerweg aufbricht, ist etwas aufgebrochen. Ängste werden wach: Schaffe ich das denn? Ich kenne doch den Weg nicht! Wo werde ich schlafen, essen, Wasser finden? Ich kann gar kein spanisch! Und was man nicht alles hört vom Pilgern: volle Herbergen, die sanitären Verhältnisse, extreme Wetterbedingungen und die Einsamkeit … Etwas in der Seele sucht nach Tausenden von Gründen, die gegen ein Aufbrechen sprechen. Widerstände gehören zu jedem Aufbruch. Die alte Bequemlichkeit meldet sich zu Wort. Familie, Freunde und Kollegen sind irritiert: »Was, du willst pilgern?«, »Du bist doch sonst ganz normal!«, »Hast du das nötig?« Es gibt messerscharfe Sätze, die Menschen aushalten müssen, bei denen etwas aufbricht. Denn Aufbruch bei dem einen weckt Ängste und Misstrauen bei den anderen.

Wenn Aufbrechende durch diese ersten Widerstände hindurchgestiegen sind, hat sich schon etwas verändert: Es gibt eine neue Selbstbewusstheit. Aufbrechende haben angefangen, sich besser kennenzulernen und über sich nachzusinnen. Es macht Sinn, sich selbst neu zu begegnen, und so wächst aus dem Entdecken neuer oder verborgener Seiten des Ichs neues Selbstbewusstsein. Die ersten Ängste schwinden und der Aufbrechende begegnet der Dimension des Vertrauens und Glaubens (im Griechischen gibt es für beides ein einziges Wort: pistis). Das ist eine der Grundfragen des Lebens: Soll mich Angst leiten oder Vertrauen? Bei Aufbrechenden beginnt das Pendel in Richtung Vertrauen auszuschlagen.

Wieso brechen Menschen zu solch beschwerlichen Pilgerwanderungen auf? Die Motive der Pilger ähneln sich zu allen Zeiten. Pilger suchten nach Seelenheil – heute würden wir es vielleicht ein bisschen anders nennen. Burnout, Orientierungslosigkeit, Schuldgefühl – das sind moderne Namen für Seelenunheil. »Ich muss da mal was klar kriegen«, sagt ein Pilger beim Abholen der Pilgerpässe. So klingt Bußübung heute. Viele Pilger treibt die Wahrnehmung, dass es an der Zeit ist, die Ausrichtung des eigenen Lebens genauer zu bedenken und die Beziehung zum Glauben zu klären. Der geistliche Rahmen einer Gruppen-Pilgerwanderung und die spirituelle Tradition geprägter Wege sind hier ideal geeignet.

Andere Menschen haben durch schwere Krankheiten ein Signal bekommen. Die Pilgerwanderung ist für sie die Rückkehr in ein geheiltes oder heilendes Leben. Andere suchen nach Antworten. Auch die Hoffnung auf Wunder, trotz aller aufgeklärten Vernunft, taucht auf, wenn man mit Pilgernden über ihre Motive spricht. »Jetzt hilft mir nur noch ein Wunder«, sagte die schwer kranke Frau, »oder ich lerne auf der Pilgerwanderung Abschied zu nehmen von meinem bisherigen Leben. Vielleicht hilft mir Gott ja.« Hinter vielen Motiven wird eine lebendige, starke Hoffnung spürbar. Welch bedeutende Rolle die Seele bei Heilungsprozessen spielt, weiß auch die Medizin. Wer sich auf den Weg macht, öffnet sich den positiven Lebenskräften und bringt Geist, Körper und Seele in ein Zusammenspiel.

»Wer bin ich, wenn ich nicht mehr berufstätig bin?«
Diese Frage treibt viele Menschen an der Schwelle zum Ruhestand um. Gerade für sie ist die Pilgerwanderung ein Durchgang zu einem neuen Lebensabschnitt. Sie erwarten innere Bilder, die zeigen, was im Leben noch auf sie lauern könnte und welche ungenutzten Potenziale jetzt gelebt werden können. Menschen kommen auf Pilgerwanderungen mit ihren Kreativkräften und Emotionen in Kontakt. Pilgern bringt Menschen in Berührung mit dem ganzen Ich und dem, was jenseits des Ego existiert.

Im Mittelalter brachen Menschen auf, um ein Gelübde zu erfüllen, eine Verabredung mit Gott. So etwas gibt es immer noch, nur würden es die wenigsten »Gelübde« nennen. »Als ich nicht mehr weiter wusste und alles über mir zusammenbrach, da habe ich zu Gott geschrien: Wenn du mich rettest, dann werde ich nach Santiago gehen.« Eine andere Frau sagte: »Ich bin geheilt. Jetzt möchte ich Gott auf der Pilgerwanderung danken.« Dank ist eine starke Motivation für Pilger. Das eigene Glück, die Heilung, Rettung, die berufliche Entwicklung, die Familie – es gibt tausend Gründe für eine Pilgerwanderung aus Dankbarkeit. Und doch kann auch immer ein »innerer Deal« mit Gott im Spiel sein. Was schreien oder flüstern wir nicht alles zum Himmel! Wer sagt denn, dass dort niemand zuhört?

Um Missverständnissen vorzubeugen: Wir gehen davon aus, dass Wunder geschehen können, aber sie sind weder planbar noch herstellbar. Gott können wir nicht zwingen. Wir können jedoch in einen Kontakt mit unseren innersten Sehnsüchten und Wünschen kommen und erfahren, wessen wir wirklich bedürfen. Schon diese Kontaktaufnahme mit sich selbst hat eine heilsame Seite. Der Glaube braucht das Wunder nicht. Es ist pure Gnade und Segen, wenn Menschen eines erleben.

Zu allen Zeiten gab es Abenteurer, die sich auf Pilgerwanderung begeben haben. Sie hatten weniger geistliche Motive als profane: In die Fremde gehen, sich selbst fremd gehen, neue und andere Gegenden erleben und Menschen treffen, denen ich unbekannt bin. Neugier und Freiheit sind starke Motive. So war das Pilgern im Mittelalter die einzige Möglichkeit für den Normalsterblichen, sich vom Acker zu machen (per ager = perigrinus = der von jenseits des Ackers).

Pilger brachten von ihren Reisen immer auch Anregungen, Rezepte, fremde Lieder und Sitten mit. Europa wuchs entlang der Pilgerwege, wie Goethe feststellte. Oder in den Worten Chateaubriands: »Es hat niemals einen Pilger gegeben, der nicht in seinen Heimatort zurückgekehrt wäre ohne weniger Vorurteile und mit einer neuen Idee.« Ob Abenteurer oder nicht – wer einen Pilgerweg geht, kommt anders zurück.

Die Begegnung mit Jesus und dem Heiligen kann auf ganz unterschiedliche Weise geschehen. Immer wieder sprechen Pilger davon: »Am Tisch beim Abendessen, als die Hospitalera das Gebet gesprochen hatte, da habe ich mich gefühlt wie bei Jesus.« Sie erinnern sich an besondere Gespräche unterwegs: Jemand hatte eine Bibelstelle begeistert und plausibel gedeutet oder da war einer, der hat einer Pilgerin ein Gebet beigebracht. »Dieses Gebet wurde mir auf dem Weg zu einem kostbaren Schatz.« Die Geschichte Jesu kann auf Pilgerwanderungen sehr authentisch nachempfunden werden. »Füchse haben Gruben und die Vögel haben Nester, aber der Menschensohn hat nichts, wo er sein Haupt hinlege« (Mt. 8,20). Heimatlosigkeit ist eine Erfahrung, die Pilger auf Zeit mit Jesus teilen. Und sie lernen in der Fremde, wie sehr sie von Vertrauen und Gastfreundschaft getragen werden. Jesus war zu Gast in den Häusern vieler Menschen, und er hinterließ Segen und Spuren. Auch heute können Pilger ihre Gastgeber segnen und Spuren hinterlassen.

Immer ist Pilgern eine Kontrasterfahrung: Man distanziert sich von der Alltagswelt, den Herausforderungen und ungelösten Fragen zu Hause und lernt sich in einem neuen inneren und äußeren Gewand kennen. Pilgern soll jedoch kein Weglaufen vor Problemen sein und ist keineswegs Flucht. In die Fremde gehen, um neu bei sich anzukommen, ist eine uralte geistliche Übung, die auch heute noch taugt. »Ich weiß einfach nicht, ob ich in meinem Studium richtig bin. Ich möchte herausfinden, wie mein Weg sonst verlaufen könnte.« Der bewusste Kontrast, den Pilger herstellen, kann zu einem hilfreichen Ritual an Schnittstellen werden: vor einer Lebensentscheidung, nach dem Abi, nach einer Trennung oder vor einem bedeutenden beruflichen Wechsel. Ich schaffe mit der Pilgerwanderung Abstand und vertraue darauf, dass ich klarer im Kopf und in der Seele heimkehre. Es ist keineswegs unpassend, sich beim Pilgern mit sehr konkreten Lebensthemen zu befassen. Das ganze Evangelium Jesu Christi ist sehr handfest und am Leben orientiert.

Neues wagen, in sich aufbrechen, sich etwas zutrauen und sich fremd gehen – die Pilgeridee kennt auch diese Dimension: Wie lustvoll die Vorstellung ist, auf dem sonnigen Weg durch die Meseta zu gehen, Fremde zu treffen und die Gerüche, Farben und Geschmäcker einer fremden Welt kennenzulernen. Pilgern ist schön und bereichert den ganzen Menschen. Pilger können charmant sein. Das widerspricht keineswegs dem Pilgerideal, im Gegenteil:

> *Bist du zu Gast, Pilger, so sei ein Bild der himmlischen Freundlichkeit, Zeichen der Liebe Christi. Und sei ein Segen.*
> *Friede sei mit dir und deinen Gastgebern.*

Wer aufbricht, hat Kontakt zur tiefen Dimension der Sehnsucht aufgenommen: Es gibt noch Unerledigtes und Unheiles in dir. Du spürst: Da gibt es noch eine Ebene des Seins, die hat im Alltag zu wenig oder gar keinen Raum. Noch gibt es keine Namen dafür, nur ein dumpfes, vages Gefühl.

Bisher klingt das alles so einfach: Etwas bricht auf, also gehe ich los. Aufbrechen ist aber alles andere als einfach und nur schön. Es kann sehr schmerzhaft sein, wenn Sehnsucht aufbricht, etwas ins Bewusstsein gelangt, das lange Zeit ins Unbewusste gedrängt war. Wenn eine Wunde aufbricht, schmerzt und blutet sie. Das ist ein kritischer Moment. Die Zeit des Aufbruchs braucht sorgsames und sensibles Vorgehen.

Oft ist das Gespräch mit erfahrenen Pilgern hilfreich, denn sie haben die Momente des Aufbrechens schon erlebt. Sie wissen auch, worauf zu achten ist, damit der Aufbruch nicht naiv oder überstürzt geschieht und die Probleme unterwegs nicht übermächtig werden. Zum Pilgern gehört es, sich gut zu informieren und sich beraten zu lassen.

Beratung ist insbesondere geboten, wenn es um die Grundentscheidungen geht: Wie lange will ich gehen? Wie viel Zeit habe ich insgesamt? Wo will ich gehen? Gehe ich alleine, mit einem anderen oder einer Gruppe? Wann will ich aufbrechen? In welcher körperlichen und seelischen Verfassung befinde ich mich?

Wer aufbricht, wagt etwas: Er oder sie geht sich fremd, geht in die Fremde. Genau das meint das Wort »Pilger«. Fremde bedeutet: Hier bin ich unvertraut, meine gewohnte Rolle passt nicht mehr, ich bin auf Hilfe und Gastfreundschaft angewiesen. Fremdsein bedeutet Unsicherheit, Verletzbarkeit, Orientierungslosigkeit. All das wagen Menschen, die aufbrechen und etwas zurücklassen. Sie haben auf diese Weise nicht nur mit Angst, sondern auch mit Traurigkeit zu tun: Es ist schmerzlich, Gewohntes loszulassen – und sei es für ein paar Wochen – und sich dem Neuen, Unbekannten zu überlassen. Jeder Abschied, und der gehört zum Aufbrechen dazu, tut auch weh. Die Neugier und die Lust auf das Neue können zum Aufbruch helfen, aber immer bleibt es ein vielschichtiges Geschehen. Natürlich wohnt, frei nach Hesse, auch dem Abschied ein Zauber inne.

»Aufbrechen« – in seiner Tiefe spricht dieses Wort vom Losgehen, Anfangen, davon, sich auf den Weg zu machen.

Gleichzeitig ist von Veränderung, Verwandlung, Neuwerdung, einem schmerzhaften Prozess die Rede. Deutlich wird das durch die Überlegung: Was bricht auf, wenn ich erst aufbreche? Neben dem äußeren Aufbruch steht der innere Aufbruch. Jede Reise trägt etwas von der Qualität der Verwandlung in sich und besonders dann, wenn die Reise anders verläuft als geplant. Die Überraschungen und Krisen sind nicht nur bedrohlich, sondern sie stellen oft Chancen dar, die nicht sofort erkennbar sind. Aufbruch ist etwas höchst Geheimnisvolles; ein Wagnis.

Es ist deutlich geworden, dass die Pilgerreise schon längst begonnen hat, bevor der erste Schritt getan ist. Ein kluges Pilgerwort spricht davon, dass der Weg zu Hause beginnt. In der Tat: Im Herzen, im Kopf, im Geist des Aufbrechenden ist schon viel geschehen, bevor es »richtig« losgeht. Und es hat eine Verwandlung begonnen, deren Dimension Pilgernde oft erst lange nach dem Weg begreifen. Sehr oft führt diese Verwandlung dazu, dass Pilger wieder losmüssen. Wer aufbricht, wird anders: eine Wegexistenz. Aufbrechende haben Entscheidungen gefällt: Ja, ich will es wagen; ja, ich begebe mich auf unsicheres Terrain; ja, ich gebe meiner Sehnsucht nach; ja, ich habe den Ruf gehört … Kein Weg kann beginnen, ohne dass jemand entschieden hat, zu gehen.

Einer Pilgerwanderung liegen noch weitere Entscheidungen zugrunde: Verzicht auf Komfort, Bereitschaft zur körperlichen Mühe, Entscheidung für Langsamkeit und ein Ja zu möglichen Begegnungen mit dem Heiligen. Wer pilgert, schließt die geistliche Dimension nicht mehr aus, sondern öffnet sich dem Numinosen, Unverfügbaren und Unplanbaren. Gott könnte mit mir etwas vorhaben – ein Satz, den Pilger nicht von sich weisen. Pilgernde haben sich für das große Abenteuer Glauben entschieden. Sie leben vom Vertrauen und schließen nicht aus, sich überraschen zu lassen. Staunen lernen ist Teil der aufbrechenden Pilgerexistenz.

Pilger gehen sich selbst fremd und begeben sich in eine

große Distanz zu ihrem Alltag und den gewohnten Rollen. Auf dem Weg entdecken sie sich neu und nehmen wahr, wie fremd sie sich gewesen sind und wie vieles in ihnen nach Leben dürstet, das bisher keinen Raum hatte.

Pilgertipps für Aufbruchsfreudige

HELFRIED WEYER

Pilgertipps aus dem Mittelalter –
die Strass zu Sankt Jakob

Das Buch über die Pilgerreise ist keine Erfindung von Hape Kerkeling oder Paulo Coelho. Schon im Mittelalter gaben Reisende auf dem Jakobsweg ihre Erfahrungen an Pilgerwillige weiter. Hermann Künig von Vach hat bereits im Jahr 1495 den Weg nach Santiago sehr genau beschrieben und jedem Pilger wertvolle Tipps mit auf den Weg gegeben. Hier sind einige Kostproben aus seinem frühen Pilgerführer:

Ich, Hermann Künig von Vach, will mit Gottes Hilfe ein kleines Büchlein machen, das »Sankt Jakobs Straße« heißen soll. Darin will ich Wege und Stege beschreiben, und wie sich jeder Jakobsbruder mit Trinken und Essen versorgen soll.

Auf Nazera (Nájera) kannst du dich freuen, dort gibt man gern (Almosen) um Gottes willen. In den Spitälern ist man dir gern zu Diensten, ausgenommen im Spital des hl. Jakobus, da ist das Personal durchweg bösartig. Die Spitalfrau tut den Pilgern viele Gemeinheiten an, aber die Betten sind sehr gut ... Gehe jetzt vier Meilen bis Dominicus (Santo Domingo de la Calzada), das empfehle ich. Im Spital findest du zu trinken und zu essen. Die Hühner hinter dem Altar sollst du nicht vergessen, schau sie dir gut an. Denke daran, dass Gott alle Dinge so wunderbar geschaffen hat, dass diese vom Bratspieß weggeflogen sind. Ich weiß es sicher, dass es nicht erlogen ist, denn ich selbst habe das Loch gesehen, aus dem ein Huhn nach dem anderen weggeflogen ist, und auch den Herd, auf dem sie gebraten wurden ...

Danach hast du drei Meilen bis Vylfrancken (Villafranca de

Montes de Oca), dort denke an das Spital der Königin, darin gibt man den Brüdern reichlich Almosen. Sei nicht erpicht, aus der sprudelnden Quelle zu trinken, denn sie tut vielen Brüdern nicht gut ...

Die Stadt Burges (Burgos) hat viele schöne Türme. Der Bruder, der die Säule sehen will, an der man den Spitalmeister erschossen hat, der 350 Brüder vergiftet hatte, halte sich, wenn er über die Brücke geht, rechts, nahe bei des Königs Spital steht sie dann gleich. ...

Hüte dich vor Rabenel (Rabanal), das ist mein Rat. Auf dieser Straße kommst du bald nach Bonforat (Ponferada). Zuerst sollst du nach dem Weg nach Sancte Maurin (Santa Marina) fragen, und lasse Storgeß (Astorga) drei Meilen auf der linken Seite liegen, dann findest du ein Dorf nach dem anderen und bist unter guten Menschen und kommst sicher voran, und man gibt gern Wein und Brot ... Nach neun Meilen kommst du dann zu Sankt Jakob, wenn es dir vergönnt ist, in der Stadt Compotell (Santiago de Compostela), die seinen Namen hat. Darauf freuen sich viele brave Reisegefährten, dass sie wohlbehalten diesen Anblick erleben können ...

Wandern, Trekking, Pilgern – wo liegt eigentlich der Unterschied?

Hermann Künigs Pilgerführer wird uns heute kaum noch konkret weiterhelfen. Er sensibilisiert uns jedoch dafür, dass das Pilgern, das viele heute wie eine Urlaubsreise angehen, eine jahrhundertealte Tradition hat. Pilgern war und ist etwas anderes als eine lange Wanderung oder ein Abenteuerurlaub. Nur: Was ist es eigentlich?

Pilgern führt zu mehr Achtsamkeit. Gelingt es uns, diese Achtsamkeit in unser tägliches Leben zu integrieren, führt sie uns zu Umweltbewusstsein, Entschleunigung in einer hektischen Zeit, einer inneren Ruhe, Ausgeglichenheit, Optimismus, zu ökumenischem Denken, Hilfsbereitschaft,

Nächstenliebe und nicht zuletzt zu innerem Frieden durch mehr Gottesnähe.

Was meinen wir, wenn wir vom Pilgern sprechen? Wie können wir diesen Begriff für uns definieren? Und wie unterscheidet sich das Pilgern von einer schlichten Wanderung und von der »Trendsportart« Trekking?

Wandern ist eine Bewegungsform, die vor hundert Jahren aus der Jugendbewegung hervorgegangen ist. Junge Menschen legten ihre einengenden Anzüge und Krawatten ab und gingen raus an die frische Luft. Dabei sangen sie: »*Aus grauer Städte Mauern zieh'n wir durch Wald und Feld ...*«

Wandern in der Natur war und ist ein Befreiungsschlag gegen den Mief der Hörsäle, Büros und Fabrikhallen. Den Wandervögeln folgten Pfadfinder verschiedener Konfessionen sowie die Wander- und Alpenvereine.

Erst in der Nachkriegszeit, gleich nach der Geburt des Wirtschaftswunders, wurde das Zauberwort Trekking populär. Trekking war eine gewisse Steigerung zum Wandern. Man zog hinaus in die Welt und ging auf Trekkingtour im Himalaya oder in den Anden.

Trekkingtouren finden dort statt, wo es eine schwache oder gar keine Infrastruktur gibt. Träger schleppen Zelte und Küchenausrüstung mit, sogar Tische und Stühle, Sherpas oder Indios sorgen rund um die Uhr für das Wohl ihrer Kunden. Die singen am nächtlichen Lagerfeuer: »*Wenn wir erklimmen schwindelnde Höhen ...*« und stellen dabei erstaunt fest, dass die einheimischen Begleitmannschaften viel besser singen können. Aus ersten Trekkingtouren in den 1960er Jahren ist heute eine weltumspannende »Trekkingindustrie« geworden.

Ist nun das Pilgern eine weitere Steigerungsform? Ist es eine Trendsportart, eine neue Entwicklung? Nein, ganz und gar nicht. Im Gegenteil, Pilgern ist vielleicht die älteste Form langer Fußmärsche, die zum Ziel hatten, Buße zu tun, Ablass zu erwerben, Krankheiten zu heilen, Wallfahrtsorte mit Marienerscheinungen zu erreichen oder um Gottes

Nähe zu suchen und zu finden. Und dann ist da ein weiteres starkes Argument, das bis heute Gültigkeit hat: Dank! Viele Menschen pilgern, um sich bei Gott zu bedanken; für die Überwindung einer Krankheit, für das Überleben einer Katastrophe, für die Geburt gesunder Kinder oder »nur« für die schöne Schöpfung unserer Erde.

Martin Luther hat das Pilgern sehr kritisch betrachtet und sich gegen Ablass und Wunderglauben ausgesprochen. In seinen Augen war Pilgern »Narrenwerk«. Aber das bezog der Reformator hauptsächlich auf den Heiligenkult, den er verurteilte. Da nach der Reformation fast ganz Norwegen protestantisch wurde – so wie sein König –, gab es dort sogar Pilgerverbote. Aber solche Gedanken gehören Gott sei Dank lange der Vergangenheit an. In Norwegen wurde das Pilgern ganz neu und sehr intensiv entdeckt, und im restlichen Europa weiß man schon lange, dass Pilgern nicht urkatholisch ist, sondern genauso evangelisch. Nirgendwo geht es ökumenischer zu als auf den Pilgerwegen. Ich selbst lebe in einer konfessionell gemischten Ehe; meine Frau ist katholisch, ich bin evangelisch. Auf dem Jakobsweg habe ich neben meiner Frau das Abendmahl von katholischen Priestern entgegengenommen, und auf dem Olavsweg wurde Renate von evangelischen Pastoren gesegnet.

Das Pilgern hat im ausklingenden 20. Jahrhundert eine gewaltige Renaissance erlebt, und das nicht erst seit Hape Kerkeling. Sein Bestseller hat sicher dazu beigetragen, dass viele Menschen den Begriff Jakobsweg kennen. Wir haben uns jedoch die Jahreszahlen der Pilger in Saint-Jean-Pied-de-Port vor unserer eigenen Wanderung über den Jakobsweg angeschaut. Es gibt bereits vor Kerkeling einen steilen Anstieg, der sich nach seinem Buch kontinuierlich fortgesetzt hat.

Aber zurück zur Kernfrage: Was genau ist Pilgern?

Zum Pilgern gehören eine Messe oder der Pilgersegen am Anfang und am Ende. Eine Pilgerfreundin erzählte mir, dass sie – endlich in Santiago angekommen – ganz alleine und sehr früh am Morgen durch einen Seiteneingang in die Kathedrale gegangen sei. Sie hatte an diesem Morgen das riesige Gotteshaus fast nur für sich, und das war schöner und viel eindrucksvoller als die offizielle große Pilgermesse am späten Vormittag.

Eine Weisheit sagt: Pilgern beginnt immer vor der eigenen Haustür. Ja und nein! Für mich begann mein Jakobsweg nach der Pilgermesse in Saint Jean Pied de Port und der Olavsweg nach einem Gottesdienst in der eindrucksvollen Kirchenruine von Hamar.

Der Buxtehuder Pastor Mathias Schlicht hat vor Jahren seiner Gemeinde eine Pilgerreise in die Wüste Sinai angeboten. Als eine bereits fest angemeldete Teilnehmerin bei der Vorbesprechung hörte, dass ihr Pilgerführer unterwegs keine Handys dulden würde, hat sie die Reise mit der Begründung storniert, ohne Handy könne sie keinen Tag überleben. Pilgern sollte handyfreie Zeit sein, sonst finden die Teilnehmer nicht zu sich selbst und noch schwerer zu Gott.

Und in den Rucksack gehört eine Bibel. Es gibt spezielle kleine und leichte Pilgerbibeln wie zum Beispiel die Jakobsbibel aus dem Herder Verlag. Dabei handelt es sich um eine Auswahlbibel, die auf das Pilgern abgestimmt ist.

Was ist sonst noch anders?

Ich wandere meditierend. Ich höre sehr genau in mich hinein. Ich sehe ganz bewusst die Schöpfung Gottes rechts und links des Weges. Ich halte oft inne und spreche ein Gebet; laut mit anderen zusammen oder leise nur für mich. Ich danke Gott am Abend für einen schönen Tag und für ein Bett und morgens für den Sonnenschein. Und wenn es mal stürmt oder regnet, dann danke ich für meine gute Wetterkleidung. Ich versuche also, nur positiv zu denken. Und zu all dem kommen gute Gespräche mit Pilgern, mit denen wir unterwegs sind oder die wir auf dem Weg treffen. Diese Gespräche bereichern das Pilgern ungemein.

Ein Pilger lacht viel, aber er weint auch. Und er singt ganz neue Lieder, zum Beispiel die altirischen Segenswünsche:

> *Mögen sich die Wege vor deinen Füßen ebnen,*
> *mögest du den Wind im Rücken haben ...*
> *möge die Sonne warm dein Gesicht bescheinen,*
> *möge Gott seine schützende Hand über dir halten ...*

Pilgern ist aufregend, denn wir erleben täglich neue Horizonte, neue menschliche Begegnungen und neues Wetter.

Pilgern ist beruhigend, denn wir erleben täglich meditative Gedanken, schweigen vor Wegkreuzen und beten in kleinen Kapellen und großen Kathedralen, vor einem Wasserfall oder in einer Blumenwiese. Oder wir schauen und gehen, nur den weißen Wolken nach. So erpilgern wir ein neues Lebensgefühl. Wir verändern uns. Nach der Reise sind wir vielen Dingen gegenüber achtsamer geworden.

Pilgern gen Norden oder gen Süden?

Der Jakobsweg in Spanien und der St. Olavsweg in Norwegen waren schon im Mittelalter bedeutende Pilgerrouten und wurden deshalb in Brüssel zu Europäischen Kulturwegen ernannt. Wie unterscheiden sich diese Wege?

Natürlich hat jeder Pilgerweg ein Ziel, im Süden ist es das Grab des Heiligen Jakobus und im Norden das des Königs Olav. Aber das wahre Ziel ist in beiden Fällen vor allem der »innere Weg« und die Erlebnisse und Empfindungen unterwegs. Dazu gehört die Sonnenglut auf der Meseta ebenso wie ein Tag Dauerregen in Galizien oder ein richtiger Sturm auf dem windzerzausten Dovrefjell. Dennoch unterscheiden sich die beiden Wege sehr stark und grundsätzlich in der Pilgerpraxis.

Auf dem Jakobsweg brechen täglich mehrere hundert Pilger auf, und es kommt in den Herbergen leicht zu einem

Bettenstau. Deshalb rate ich, die Tagesetappen nicht unbedingt so zu wählen, wie sie in den einschlägigen Reiseführern vorgegeben sind. Die Herbergen zwischen den empfohlenen Etappenzielen haben am Abend meistens noch freie Betten. Ein weiterer Tipp: Betten für die nächste Nacht in privaten Herbergen oder in Hostals kann man vorbestellen. Die Telefonnummern findet der Pilger im Internet und auch im Pilgerführer. Wenn das Bett für die nächste Nacht fix ist, muss man auch nicht frühmorgens am »Massenstart« teilnehmen, sondern kann in Ruhe frühstücken und dann den Weg – fast – für sich alleine haben.

Der Jakobsweg ist schon wieder viel länger populär. Es gibt unendlich viel Literatur, und die betreffenden Pilgerführer füllen in den Buchhandlungen breite Regale. Das ist ein Grund, warum es auf dem Camino oft voll wird. Der andere betrifft die Preissituation. Eine Herbergsübernachtung kostet am Jakobsweg fünf bis zehn Euro pro Bett. Ein Zimmer für zwei Personen in einem Hostal ist für 30 bis 35 Euro zu haben. Das Pilgermenü mit Vorspeise, Hauptgang und Dessert und einer halben Flasche Wein kostet neun bis elf Euro – so viel kostet in Norwegen eine Flasche Bier. Aus diesen Gründen sind auf dem Jakobsweg auch viele junge »Pilger« unterwegs, die einfach nur preiswert Urlaub machen möchten.

Auf dem Olavsweg ist zunächst einmal das Zeitfenster viel kleiner. Der Weg über das Dovrefjell ist nur von Juni bis September recht sicher schneefrei begehbar. Dabei ist die erste Juniwoche noch kritisch.

Das Netz der Herbergen ist noch nicht so dicht wie auf dem Jakobsweg. Ich empfehle unbedingt Vorreservierungen. Die Telefonnummern findet der Pilger im Internet und im Pilgerführer von Bernd Lohse.

Viele Herbergen am Olavsweg haben nur eine begrenzte Bettenkapazität (12 bis 16 Schlafplätze), und wenn Gruppen unterwegs sind, ist so eine Herberge einfach voll. Einzelpilger können aber nicht, wie auf dem Jakobsweg, einfach wenige Kilometer weiterlaufen zur nächsten Herberge. Die gibt es erst – gerade auf dem Dovrefjell – nach 15 oder 20 Kilometern. Wenn man keine Herbergen vorbuchen möchte, rate ich zu einem eigenen Zelt.

Schwieriger als auf dem Jakobsweg ist auch die Versorgungsfrage. Proviant gibt es fast nur in Supermärkten, in kleinen Ortschaften und in Pilgerherbergen eher selten. Es gilt also, ausreichend Lebensmittel selbst zu tragen. Die Preise liegen wesentlich höher als in Spanien. In der Jugendherberge Hamar kostet ein Doppelzimmer mit zwei Stockbetten etwa 110 Euro. In den anderen Pilgerherbergen gelten ähnliche Preise, oft sogar ohne Frühstück. Für ein Bett oder eine Matratze auf dem Boden muss der Pilger bis zu 50 Euro rechnen und für ein Abendessen 20 bis 25 Euro.

Und dann ist da noch ein gravierender Unterschied zwischen dem Süden und dem Norden. Auf dem Jakobsweg sind viele Pilger unterwegs, also trifft man auch viele fremde, meist interessante Menschen. Es bilden sich richtige Gemeinschaften und Freundschaften unter den Pilgern.

Auf dem Olavsweg sind wenige Pilger unterwegs, deshalb kümmern sich die Herbergseltern sehr intensiv und individuell um ihre Gäste. Es entstehen Freundschaften zwischen norwegischen Herbergseltern und den Pilgern. Das betrifft ganz besonders alle privat geführten Pilgerherbergen. Weihnachten bekommen wir viele Grüße vom Olavsweg und erfahren, wie hoch der Schnee in Fokstugu liegt oder wie kalt es im Gudbrandstal ist.

Wer alleine in einer eindrucksvollen Natur pilgern möchte, dem empfehle ich den Olavsweg. Wer dagegen Freude an internationaler Gemeinschaft, mittelalterlichen Städten und großartigen Kathedralen hat, der sollte auf dem Jakobsweg pilgern.

Jeder Pilger kann mit Karten und Führern leicht seinen Pilgerweg finden. Ob er gläubiger Christ ist oder nur ein Abenteuer sucht, der Weg wird ihn verändern. Pilger, die alleine oder zu zweit unterwegs sind, genießen die größte Freiheit; sie können Pausen einlegen, wann und wo sie wollen, sie können ihre Tagesetappen und ihr Marschtempo selbst bestimmen. Sie können frei meditieren und Pilgermessen besuchen, wann immer sie das Bedürfnis danach haben. Auch über ihr geistiges »Seelenfutter« entscheiden sie völlig frei und individuell. So viel Freiheit tut gut!

In der Gruppe dagegen gibt es Einschränkungen. Die Etappen sind vorgeschrieben, über die Marschgeschwindigkeit entscheidet die Gruppe oder der Gruppenführer. Die Essenspausen werden gemeinsam bestimmt, und Gleiches gilt für den Gesamtablauf der Pilgertour. Aber gegen diese Einschränkungen tauscht der Pilger in der Gruppe viele Vorteile ein: Er muss sich praktisch um nichts kümmern. Die Herbergen sind vorgebucht, und am Abend erfährt man von seinem Gruppenführer, in welches Bett man sich legen darf. Und in der Gruppe findet man 24 Stunden lang Gespräche mit Gleichgesinnten. Man lacht und weint zusammen. Wenn ein Pilger das Reden leid ist, kann man sich einfach zurückfallen lassen oder den Führer bitten, vorauszugehen zu dürfen. Jeder in der Gruppe wird Verständnis aufbringen.

Meist werden Gruppen von Pastoren und Priestern geführt. So gibt es unterwegs gemeinsame Andachten, Gottesdienste und auch ein Abendmahl. Das sind Bereicherungen auf dem Weg, die der Alleinpilgernde zumindest auf dem Olavsweg kaum erleben kann, während auf dem Jakobsweg täglich Gelegenheiten für einen Messebesuch gegeben sind.

Beim Gruppenpilgern mit Bernd Lohse – und anderen Pastoren – wird das Hauptgepäck der Teilnehmer in einem Fahrzeug transportiert, so dass die Teilnehmer nur ihren Tagesbedarf tragen. Die Pilger kochen am Abend und bereiten auch ihr Frühstück selbst zu. Beides wird vom Fahrer des Gepäckautos unterstützt, er ist auch für den Einkauf von Lebensmitteln verantwortlich.

Pilgern in einer organisierten Gruppe bringt jeden Teilnehmer dichter an die Grundidee des Pilgerns. Das Gesamterlebnis ist anders als beim Alleinlaufen. Es kommt automatisch zu einer Gedankenvertiefung.

Auf dem Olavsweg führen inzwischen norwegische, dänische und deutsche Pilgerpastoren sehr erfolgreich Gruppen nach Nidaros. In allen Fällen gibt es dabei einen Gepäcktransport, so dass der Pilger nur ein kleines Tagesgepäck tragen muss.

Der Österreicher Herbert Hirsch hat ein amüsantes Buch über den nördlichen Küstenweg nach Santiago geschrieben. Auf einer frühen Etappe stoppt ein Auto und nimmt den Pilger, der sich vorher verlaufen hatte, gleich bis zum nächsten Tagesziel mit, das erst einen Tag später auf dem Programm stand. Dazu lesen wir: »Ich bin maßlos enttäuscht, als wir vor der Herberge anhalten. Ich wollte den gesamten Weg nach Santiago zu Fuß gehen, und jetzt hat mir dieser Kerl doch 13 Kilometer meines Caminos gestohlen!«

Sind diese 13 Kilometer wirklich verloren? Ich sage nein! Meine Frau und ich hatten am Anfang unseres Pilgerweges nach Santiago auch gedacht, man müsse jeden Meter gehen, nur dann sei man ein richtiger Pilger. Wir liefen den Weg alleine, und in Santo Domingo de la Calzada wohnten wir im dortigen Frauenkloster. Dort stießen wir auf eine deutsche Pilgergruppe, die mit einem Bus unterwegs war.

Bus-Pilger? Was ist das denn?

Beim gemeinsamen Abendessen lauschten wir dem schönen Tischgebet des Gruppenführers. Danach fragten wir den Pastor aus Stuttgart, ob wir wohl an seiner Morgenmesse teilnehmen dürfen. Wir durften und waren erstaunt über die vielen unterschiedlichen Aktivitäten dieser Gruppe.

Tage später sahen wir die beiden Busse in der Meseta vor einer Kirche stehen. Die Bus-Pilger hatten die Kirche für einen Gottesdienst gemietet. Die Teilnehmer waren in Roncesvalles gestartet und erreichten Santiago schon nach zwei Wochen. Dabei waren sie auf den schönsten Wegabschnitten gelaufen, Zwischenstrecken sind sie mit dem Bus gefahren. Aber, das war unsere Erkenntnis, diese Pilger sind durch das gut organisierte Programm sehr viel mehr auf dem Jakobsweg gepilgert als mancher »Einzelgänger«, der jeden Meter läuft und dann keine Zeit, Kraft oder Lust mehr für Gottesdienste und Kirchenbesuche hat. Wir haben nach dieser Begegnung unser Urteil revidiert – auch Bus-Pilger haben ihre volle Berechtigung. Viele Menschen möchten gerne pilgern, aber weite Strecken können sie nicht zu Fuß gehen. Wir laden diese Pilger ein, neue Wege zu gehen:

Nach unseren Erfahrungen beim Gruppenpilgern mit Pilgerpastor Bernd Lohse haben wir uns entschlossen, eigene Gruppen mit Autounterstützung über die schönsten Wegstrecken des Jakobsweges und auch des Olavsweges zu führen. Das sieht in der Praxis so aus: Unser Olavsweg beginnt in den Ruinen der Kathedrale Hamar mit einer Andacht und dem Pilgersegen. Wir sind mit zwei VW-Bussen unterwegs. Ein Auto haben wir früh am Morgen bereits bis zum heutigen Pilgerziel vorgefahren. Nun laufen wir durch das Blütenmeer der Hedmark bis zu unserem Fahrzeug. Mit ihm holen wir das zweite Auto nach und fahren mit der Gruppe in die nächste Pilgerherberge. Die Teilnehmer tragen dabei nur leichtes Tagesgepäck und erleben täglich die schönsten Wegabschnitte. Unterwegs bieten wir Andachten und Besichtigungen. In zwei Wochen haben »unsere« Pilger Nidaros erreicht und feiern einen Abschlussgottesdienst im Dom, der nur für unsere Gruppe organisiert wird.

Auf dem 800 Kilometer langen Jakobsweg brauchen wir mit dieser Autounterstützung 18 Tage. Das ist eine neue Art des Pilgerns, und viele Teilnehmer haben uns von Herzen dafür gedankt. Mehr Informationen zu diesen geführten Touren findet der Leser unter www.olavsweg.de.

Auf dem Jakobsweg konnten wir eine französische Gruppe beobachten, die ihre eigene und – wie wir finden – ideale Art des Pilgerns praktizierte. Zunächst war uns nur ein Wohnmobil aufgefallen, in dem ein schwarzer Hund Wache hielt und sofort bellte, wenn sich Fremde dem Fahrzeug näherten. Dann sahen wir auch die Besitzer; ein Ehepaar kam aus der nahen Kirche, grüßte mit *Buen Camino* und verschwand im und dann mit dem Wohnmobil.

Am gleichen Tag überholten wir eine Pilgergruppe, die mit sehr wenig Gepäck unterwegs war. Auf unsere neugierige Frage antworteten die Franzosen, dass ihr Gepäck mit einem Auto transportiert wurde. Wir pilgerten wenige Stunden zusammen, kamen dann zu einer Brücke – und da stand das Wohnmobil. Der Hund kam uns schwanzwedelnd entgegen, und das Ehepaar erwartete »seine« Pilger mit heißem Kaffee und kaltem Zitronenwasser, belegten Broten und einer großen Schüssel Wurstsalat. Uns lief das Wasser im Mund zusammen!

Nach dieser Jause verabschiedeten sich die Wohnmobilfahrer und machten sich auf den Weg zum vorgebuchten Hostal, um die Schlüssel in Empfang zu nehmen und die Zimmer zu verteilen. Die Gruppe folgte pilgernd mit kleinstem Gepäck und völlig ohne Stress um Proviant und Quartier. Das alles erledigte ja die Besatzung des Wohnmobils. Sie erzählten, dass ein Hund in Spanien Gold wert sei, wenn man das Fahrzeug länger alleine lassen muss. Uns hat dieser Wohnmobilservice mit Wachhund sehr beeindruckt. Nach einer Woche, in der wir zusammen mit den Franzosen pilgerten oder die Gruppe zumindest mehrmals am Tag trafen, sahen auch wir einen fröhlich wedelnden Hundeschwanz, wenn wir das Wohnmobil irgendwo passierten. Der schwarze Wachhund hatte uns in »seine« Pilgergemeinschaft aufgenommen.

Der Pilgerrucksack

Jeder zu schwere Rucksack mindert das Vergnügen beim Wandern oder Pilgern. Wenn ein Gepäcktransport vorhanden ist, sollte der Tagesrucksack nicht schwerer sein als 10 Prozent des eigenen Körpergewichts.

Wenn es keinen Gepäcktransport gibt, wird man mit dieser Formel nicht ganz auskommen, aber zehn bis zwölf Kilo müssen auch dann nicht überschritten werden. Die meisten Pilger schleppen zu viel Ballast mit und brauchen 50 Prozent ihres Rucksackinhaltes nie!

Der Rucksack sollte so konstruiert sein, dass er nicht fest auf dem Rücken anliegt. Zwischen Rücken und Rucksack muss sich ein Luftpolster befinden. Die Hauptlast darf nicht an den Schultern hängen, sondern muss auf den Hüften liegen. An einem Rucksack sollte man nicht sparen!

Es gibt spezielle Frauenrucksäcke, die der weiblichen Anatomie angepasst sind: kurze Rückenlängen, schmal und kürzer geschnittene Schultergurte und konisch geformte Hüftgurte.

Die Pilgerpackliste

- ☐ Reisewecker
- ☐ Leichter Schlafsack, Isomatte
- ☐ Taschenlampe (Stirnlampe ist besonders praktisch)
- ☐ Regen- und winddichte Oberbekleidung (Hose, Jacke, Regenponcho)
- ☐ Thermoskanne für ein heißes Getränk
- ☐ Feste, hohe und wasserabweisende Wanderschuhe und Pflegemittel
- ☐ Sonnenhut, Sonnenbrille, Sonnencreme
- ☐ Handtuch, Seife, Zahnpaste und Zahnbürste
- ☐ Toilettenpapier, feuchte Reinigungstücher

- ☐ Ein warmer Pullover, kurz- und langärmelige Blusen beziehungsweise Hemden und T-Shirts, eine lange Hose zum Wechseln
- ☐ Insektenschutz (Zitronenöl), persönliche Medikamente
- ☐ Pilgerstock oder Trekkingstöcke
- ☐ Pilgerausweis
- ☐ Tagebuch und Schreibutensilien

Als Regenschutz haben wir einen 500 Gramm leichten Poncho im Pilgergepäck, der schützt auch den Rucksack. Für den Olavsweg empfehlen wir außerdem kniehohe Gamaschen.

Zum richtigen Packen gelten folgende Regeln:
Der Schwerpunkt sollte dicht am Körper, möglichst mittig liegen. Der Schlafsack gehört ins Bodenfach, Kleidung, Proviant und Apotheke ins Hauptfach, Kleinkram wie Sonnenbrille, Toilettenpapier, Kamera, Pilgerführer und Karten sind im Deckelfach zu verstauen. Wasserflaschen sowie die Isomatte können außen am Rucksack befestigt werden. Packbeutel in verschiedenen Farben erleichtern die Ordnung im Rucksack.

Für das Toilettenetui empfehlen wir eine Tube mit Hirschtalg, das ist der beste Schutz gegen Blasen, und für die Reiseapotheke Blasenpflaster.

In Trekkinggeschäften werden unzählige Trinkflaschen angeboten, die aber im Grunde unnötig sind. In jedem Supermarkt und an jedem Kiosk gibt es Wasser in Plastikflaschen, die man am nächsten Brunnen wieder auffüllen kann. Sie sind leichter als zusätzliche Trinkflaschen.

Zum Wasser noch ein Tipp: Eine Magnesiumtablette gibt dem Wasser Geschmack und schützt gegen Muskelkrämpfe bei Überanstrengung.

Wer Angst hat, zu wenig mitzunehmen, sollte daran denken, dass Pilgerwege nicht in die menschenleere Wildnis führen (wie manche Trekkingroute), sondern durch zivilisierte Zonen. Man kann alle Dinge, die man vergessen hat oder die ausgegangen sind, problemlos nachkaufen.

Und dann gehört natürlich auch der Pilgerausweis in das Gepäck. In ihm werden die Übernachtungen jeweils mit Datum abgestempelt und damit dokumentiert. Am Ziel, in Santiago oder Trondheim, werden die Stempel kontrolliert, bevor dem Pilger die ersehnte Urkunde ausgehändigt wird.

Pilgerausweise für den Jakobsweg gibt es bei allen Jakobsgesellschaften (Adressen im Internet) sowie an den Startpunkten der Wege in den dortigen Pilger- oder Touristenbüros. Am Olavsweg bekommt man den Ausweis in den dortigen Pilgerzentren, zum Beispiel in Oslo und in Hamar. In Hamburg erhält man den Ausweis persönlich im Pilgerbüro der Hauptkirche St. Jacobi (www.jacobus.de).

Bunt gestempelte Pilgerausweise gehören neben der offiziellen Urkunde zu den schönsten Souvenirs der Pilgertour, weil viele Herbergen und Kirchen aus ihren Stempeln richtige kleine Kunstwerke gemacht haben.

»Gehen ist die beste Medizin für den Menschen.« Diese Empfehlung kommt von dem griechischen Arzt Hippokrates und ist älter als unser Christentum. Weil der Grieche Recht hat, möchte ich noch einige Bemerkungen zum Gehen beziehungsweise zu den Schuhen machen. Die vielen Fußkranken und die fürchterlich beklebten und bepflasterten Füße, die wir unterwegs gesehen haben, veranlassen mich dazu. Am Schuh sollte der Pilger am wenigsten sparen, er ist einfach zu wichtig für das Wohlbefinden. Der Pilger sollte sich rechtzeitig in einem guten Trekkinggeschäft beraten lassen.

Meine Frau ist in ihren Schuhen 800 Kilometer weit über den Jakobsweg und über 1000 Kilometer über den Olavsweg gelaufen – ohne eine einzige Blase und ohne jeden Schmerz am Fuß. Ich bin die gleichen Distanzen gelaufen – ebenfalls völlig ohne Blasen. Die Schuhe wurden uns von Fachverkäufern in Hamburg empfohlen und verkauft, jeweils ein bis zwei Nummern größer als unsere »normalen« Schuhe. Diese Schuhe haben wir vor der ersten Pilgertour sehr gut eingelaufen, bei unterschiedlichem Wetter. Wir begannen die Einlauftouren mit 10 Kilometern und steigerten sie dann auf 20 Kilometer.

Wichtig sind auch die Socken. Es sollten Trekkingsocken sein, die ohne Naht gestrickt sind und Rechts- und Linksmarkierungen tragen.

Hirschtalg scheint ein Wundermittel für Pilger zu sein. Mit dieser speziellen Salbe haben wir am Abend und am Morgen unsere Füße massiert. Der Talg verhindert das Austrocknen der Haut. Mehr Geheimnisse um blasenfreies Laufen gibt es nicht.

Für Trekkingtouren und Pilgerreisen gibt es inzwischen eine riesengroße Industrie. Einige Angebote sind gut und hilfreich, vieles ist aber überflüssig und erschwert nur den Rucksack und damit die Freude am Pilgern. Es ist wichtig, sich gut vorzubereiten, aber ab einem gewissen Punkt nutzt jeder noch so ausgeklügelte Plan nichts mehr. Dann sollte man einfach aufbrechen und sich dem Weg und seinen Überraschungen überlassen. Wer nichts wagt, gewinnt auch nichts. Pilgern ist ein Wagnis, das die weißen Flecken auf der Landkarte unseres Lebens tilgen und die Seele bereichern kann.

AUF DEM WEG

Unruhig ist mein Herz, bis es ruht in dir.
Das unruhige Herz ist die Wurzel der Pilgerschaft.
Im Menschen lebt die Sehnsucht, die ihn hinaustreibt aus
dem Einerlei des Alltags und aus der Enge seiner gewohnten
Umgebung. Immer lockt ihn das Andere, das Fremde.
Doch alles Neue, das er unterwegs sieht und erlebt, kann
ihn niemals ganz erfüllen. Seine Sehnsucht ist größer.
Im Grunde seines Herzens sucht er ruhelos den ganz
Anderen, und alle Wege, zu denen der Mensch aufbricht,
zeigen ihm an, dass sein ganzes Leben ein Weg ist, ein
Pilgerweg zu Gott.

AURELIUS AUGUSTIN: Confessiones

Der Weg verändert den Pilger, der Pilger verändert die Welt

FRANZ ALT

Weil wir auf dieser Erde nicht ganz zu Hause sind

Pilgern, sagte uns ein norwegischer Pilgerpastor, ist ein Weg nach Hause, zum Ursprünglichen, zu den Wurzeln, zu sich selbst. Ein Weg nach innen. Vielleicht auch ein Voraus-Weg zur ewigen Heimat. Nach dem Grund seines Glaubens gefragt, hat Heinrich Böll geantwortet: »Weil wir auf dieser Erde nicht ganz zu Hause sind.« Pilgern aller Konfessionen geht es darum, sich als Teil der Schöpfung zu erleben.

Ich war auf dieser Pilgerreise angekommen. Jetzt wusste ich: Da ist Lust auf Neues, Sehnsucht nach unbekanntem Gebiet. Ich will mich auf dieser Reise an Gottes große Verheißungen erinnern, die uns der wunderbare junge Mann aus Nazareth vor 2000 Jahren gelehrt und vorgelebt hat.

In seiner Schule lernte ich: Der Türöffner zur Seele ist die Stille. Dort finden wir auch Antworten auf die existenziellen Fragen unseres Lebens: Woher komme ich? Warum bin ich? Wohin gehe ich? Warum ist überhaupt etwas und nicht nichts? Wie wäre es, wenn es Gott tatsächlich gibt? Oder wenn es Ihn oder Sie oder Es nicht gibt?

Die ersten vertraulichen Gespräche in der Gruppe. Einige haben Lebenskrisen hinter sich, andere wollen Gott für die Lösung eines Problems danken, wieder andere wünschen sich einfach Zeit für sich und für Gott.

Die nächsten zwei Wochen werden viel Zeit bieten, um diesen Themen und Fragen allein oder miteinander nachzuspüren. Ein Pilger-Meilenstein vor der Glas-Dom-Kirche zu Hamar zeigt an, dass es bis zu unserem Ziel, dem Dom zu Trondheim, 488 Kilometer sind: »488 km till Nidaros.« Doch zunächst fahren wir noch mal mit den Bussen durchs

Gudbrandsdal nach Dovre und übernachten im historischen Bauernhof Budsjord – gemessen an der ersten Nacht geradezu himmlisch, weil ruhig. Bigi und ich haben eine Kammer für uns. Deo gratias.

Geburtstag auf dem Pilgerweg

Heute sind Glücksgefühle vorprogrammiert! Wenn wir achtsam sind, dann spüren wir, dass jeder Morgen einen verborgenen Segen enthält.

Mein Glaube an das Gelingen dieser Pilgerreise ist inzwischen gewachsen. Dieses Vertrauen wird die Tour gelingen lassen, davon bin ich fest überzeugt. Am Morgen beim Frühstück hatte es noch geregnet, aber mit unserem ersten Schritt in dicken Wanderstiefeln war die Sonne hinter grauen Wolken hervorgekommen und macht uns hoffnungsvoll. Sonnenschein überrascht mich an diesem Tag freilich nicht besonders. Ich bin es seit 72 Jahren gewohnt, dass an meinem Geburtstag die Sonne scheint. Auch für Bigi ist das beinahe selbstverständlich. »Deshalb heißt unsere Internetseite ja auch www.sonnenseite.com«, lacht sie. »Es würde mich sehr überraschen, wenn an deinem Geburtstag die Sonne mal nicht schiene.« Bigi gestaltet diese Internetplattform mit täglich über 10 000 Besuchern. Eine tolle Leistung, die gar nicht genug zu würdigen ist.

Die gesamte Pilgerschar überrascht mich am Morgen meines Geburtstags beim Frühstück mit einer Geburtstagstorte und einem »Happy Birthday« – ein ganz außergewöhnliches Fest und ein unvergessliches Erlebnis mit diesen Pilgern, die mir schon ans Herz gewachsen sind. Ich bin bester Stimmung und erinnere mich an Einsteins kluge Erkenntnis: »Die ersten hundert Jahre sind bekanntermaßen die schwersten.«

Der Olavsweg führt meist durch Waldgegenden, vorbei an alten Bauernhöfen und bietet oft atemberaubende Aussichten. Unsere Gruppe ist ab jetzt komplett. Helfried und Renate Weyer, die über die Reise einen Bildband publizieren wollen, sind zu uns gestoßen, und ein Fernsehteam des NDR wird uns jetzt ebenfalls für 14 Tage begleiten. Mit Weyers habe ich bereits drei Bildbände veröffentlicht, zwei über Tibet und die dortigen Menschenrechtsverletzungen durch die chinesische Besatzung und einen Bildband »Die Schöpfung«, zu dem ich den Text entlang der Schöpfungsgeschichte des Alten Testaments schrieb. Helfried und Renate sind für ihren Pilger-Bildband bereits drei Wochen auf dem südlichen Teil des Olavswegs unterwegs gewesen und haben die Tour schon im Mai 2010 gemacht, um Fotos zu verschiedenen Jahreszeiten zur Verfügung zu haben. Profis eben. Das Autorenpaar hat über 60 Bildbände herausgegeben. Nach 40 Jahren Erfahrung als Fotoreisejournalist kennt dieser Helfried Geschichten, die findest du in keinem Reiseführer.

Wir freuen uns auf das gemeinsame Abenteuer, das uns bevorsteht. Auf das Fernsehteam bin ich natürlich besonders gespannt – schließlich habe ich selbst 40 Jahre lang Fernsehreportagen produziert. Wie also werden die Kollegen arbeiten, die immerhin zwei Filme von eineinhalb Stunden über uns und unseren Weg drehen wollen?

Das Team hat uns am Vorabend sehr einfühlsam und professionell auf ihre Arbeit, die natürlich das Pilgern auch beeinträchtigen kann, vorbereitet und jeden gefragt, ob er damit einverstanden ist, bei diesem intimen Pilgern, also auch beim Beten, Singen und Meditieren, gefilmt zu werden. Ich weiß, dass ein gutes Zusammenspiel zwischen einem Fernsehteam und den gefilmten »Stars« entscheidend ist für das Gelingen eines Fernsehfilms. Kompliment an die Kollegen: Das hat prima geklappt. Es entstand von Tag zu Tag ein größeres Vertrauen zwischen Pilgern und Fernsehteam. So konnte ein toller, sehenswerter Film entstehen (NDR-Nordseereport – Olavsweg).

Beim Aufbruch fragt der Redakteur Peter von Sassen einige aus unserer Gruppe nach ihrer Pilgermotivation. Die

54-jährige Ärztin Ute sagt: »Ich habe eine schwere Lebenskrise hinter mir. Ich muss auf dieser Reise einiges in mir und mit mir in Ordnung bringen.« Der 50-jährige Banker Steinar freut sich besonders auf die Gemeinschaft beim Pilgern. Er hat väterlicherseits norwegische Wurzeln. Der 55-jährige Stadtplaner Rainer meint: »Ich will mich endlich mal fallen lassen, seelisch ausruhen. Ich hoffe, dass ich das schaffe.«

Die Sache mit der Entschleunigung fällt nicht allen leicht. Manchmal geht es auch beim Pilgern mehr eilig als heilig zu. Vor allem in den ersten Tagen legt unser Pastor ein scharfes Tempo vor. Einige meckern: »Er rennt durch Norwegen.« Bernd gelobt Besserung, hält sich aber nicht immer daran. Die Aufstiege bis zu 1400 Meter sind oft mühsam. Man kommt an seine Grenzen. Aber da es allen so geht, führt diese Erfahrung wieder zur Entspannung.

Unsere regelmäßigen Abendandachten stehen unter dem Motto des Lebens und Sterbens des heiligen Olav. Bernd hat sieben Schlüsselworte des Heiligen ausgewählt, die wir Abend für Abend interpretieren: Kraftfülle, Entschlossenheit, Lebensmut, Dienst, Hellhörigkeit (Achtsamkeit), Versöhnung, Heilung. Diesen sieben Olavs-Worten hat er sieben Schlüsselworte der heiligen Birgitta von Schweden gegenübergestellt: Langsamkeit, Freiheit, Einfachheit, Sorglosigkeit, Stille, Gemeinschaft, Geistlichkeit. Genug Stoff für unzählige Gespräche und Meditationen auf dem Weg. Die Worte können ein innerer Kompass sein für alle, die im Norden wandern und pilgern.

Auch Kirchenlieder bekommen auf dieser Tour für mich eine ganz neue Bedeutung: Singen wirkt positiv auf die Psyche – erst recht gemeinsames Singen. Es kann zu emotionaler Ausdruckskraft, zur Entspannung, zu Achtsamkeit und Freude führen. Wir singen uns glücklich. Dabei kommt es nicht auf Kunst an, sondern allein auf diese drei Regeln: Hab Spaß, hab Spaß, hab Spaß! Auch Singen kann ein Achtsamkeits-Ritual sein, das nachweislich zu unserem körperlichen Wohl, zu mehr Bewusstsein und zu Freude beiträgt.

Bei jedem Gottesdienst versuchen wir, die Psalmen des Alten Testaments nach benediktinischen Klängen zu singen. Wenn uns dies ausnahmsweise mal halbwegs gelingt, führt das zu einem unerhörten Wohlgefühl in der ganzen Gruppe.

Die Schlüsselworte von Olav und Birgitta können gut und gerne als männlich-weibliche Gegenpole gesehen werden. Wir erforschen nun Abend für Abend: Welches dieser Worte ist für mich wichtig und wie prägt es mein Leben, meinen Weg und meine Entschlüsse? Für Bernd Lohse sind diese sieben Schlüsselworte ein wesentlicher Bestand seiner Pilgertheologie geworden. Damit hat er es verstanden, jeden Abend einen uns alle sehr bewegenden und tief berührenden geistlichen Raum zu schaffen und zu füllen, wie ich es nur selten zuvor von »meinen« katholischen Theologen erleben durfte. Ich bin ihm sehr dankbar für diese wichtige Erfahrung. »Lebenskunst ist es«, sagt Bernd, »die Balance zwischen männlich und weiblich in uns zu finden.«

Olavs Bedeutung für die Pilgerspiritualität in Skandinavien kann gar nicht hoch genug eingeschätzt werden. Ich habe mich zunächst schwer damit getan, denn der Heilige war ein gewalttätiger Krieger. Er hat versucht, das Christentum mit dem Schwert zu verbreiten. Aber historisch ist auch belegt, dass schon unmittelbar bei seinem Tod und dann über viele Jahre unerklärliche »Wunder« und Heilungen geschehen sind. Über Jahrhunderte hinweg soll sein Leichnam unverwest geblieben sein. Gottes Wege sind eben unerforschlich – auch das habe ich in aller Bescheidenheit auf diesem Weg akzeptieren müssen.

Lektion Nummer zwei:
Politische oder religiöse Korrektheit kann ganz leicht irren. Immer schön lernfähig bleiben! Vor allem dann, wenn es schwerfällt. Es gibt zwischen Himmel und Erde mehr Möglichkeiten, als wir uns mit unserem gescheiten Gehirn vorstellen können.

Olav selbst war in seinem Leben viel gepilgert: In seiner Jugendzeit war er lange in England und der Normandie, bevor er weiter nach Süden, nach Gibraltar, zog. In Russland hatte er die orthodoxe Kirche kennengelernt und sich in Rouen taufen lassen. Er blieb ein Leben lang ein Suchender. Viele Entscheidungen traf er nach einem entsprechenden Traum. Der Krieger achtete sehr auf sein Innenleben! Die größte Chance für Achtsamkeit – so meine Lebenserfahrung – bieten uns unsere Träume. Hier liegt in jedem und in jeder von uns nahezu unendlich viel geistiges, spirituelles und seelisches Entwicklungspotenzial. Meine Traumerfahrung: Wenn du dich deinen Träumen zuwendest, dann wenden diese sich dir zu. Was die Nahrung für den Körper, das ist der Traum für die Seele.

Der erste, der erklärt hatte, dass Olav ein heiliger Mann sei, war derjenige, der ihn getötet hatte. Er bereute seine Tat öffentlich und brach zu einer Pilgerfahrt gen Jerusalem auf. Deshalb pilgerten gleich nach Olavs Tod tausende Menschen zu seinem Grab. Heute ist dieses Grab der Dom zu Trondheim, unser Pilgerziel, von dem wir aber noch weit entfernt sind.

Was ist Zeit?

Am Tag nach meinem Geburtstag wandern wir 22 Kilometer von Budsjord nach Fokstugu. Noch ein letztes Mal genieße ich die morgendliche Stille unserer Pilgerherberge. Ich lenke den Blick auf den Weg, der vor uns liegt. Es wird ein langer Aufstieg auf schmalen Wegen, und wir haben 600 Meter Höhenunterschied zu überwinden. Das Gras der Wiesen ist hier im Juli so grün wie bei uns im Frühjahr. Vor wenigen Tagen lag noch Schnee im norwegischen Hochgebirge. Die weiß-blaue Himmelslandschaft erinnert mich an den Himmel über Tibet. Seit wir zum ersten Mal vor 30 Jahren dort waren, sprechen Bigi und ich immer vom »Tibet-

Himmel«, wenn der Himmel strahlend blau ist und zugleich mit dicken weißen Wolken behangen.

Die Lichtstimmungen und Wolkenbildungen verzaubern uns jetzt fast täglich. Unser Pilgerweg führt durch die schönsten und eindrucksvollsten Landschaften Norwegens. Wir erleben das Land in seiner Ursprünglichkeit. Schon am Beginn dieses Pilgerwegs spüre ich den Geist derer, die seit einem Jahrtausend hier vor uns gepilgert sind und uns jetzt begleiten. Farbe gesellt sich an Farbe und Duft zu Duft in Harmonie. Wir hören die Sinfonie der Sommerwiese.

Ich erlebe hier im freien Feld den Himmel ganz anders und viel intensiver als im normalen Büroalltag. So viel Himmel über uns und so viel Segen für uns von ganz oben. Gott lugt durch jeden Grashalm und jede Blume am Wegesrand. In jedem Menschen, in jedem Baum, in jedem Tier, in jeder Blume dürfen wir ihm begegnen. Alles Leben ist Gotteswerk. Einen stärkeren Gottesbeweis als die Schöpfung gibt es nicht. Die indischen Upanischaden wissen: »Gott schläft in Steinen, träumt in Tieren, atmet in Pflanzen und erwacht in Menschen.« Wie spannend könnte eine Kirche sein, die diese alten Weisheiten wiederentdeckt und lebt.

Die Schöpfung macht etwas mit uns auf dieser Pilgertour. Wir spüren ihre unendliche Phantasie. Und wir gewinnen Boden, Erde unter den Füßen.

Das Glück ist grün: Wir sehen einen bunten Blüten- und Pflanzenreichtum, den nicht Menschen geschaffen haben – und werden demütig. Wir Büromenschen lernen, uns am Rhythmus der Natur zu orientieren – und werden geduldig. Gottes freie Natur ist der Garten aller Gärten. Alles auf dieser Erde verändert sich ständig, weil unser Planet lebt und eine grüne Seele besitzt.

Auf dem Dovrefjell machen wir Rast beim berühmten Allmannsrøysa, einer Steinsammlung. Bernd hatte uns vor der Reise gebeten, von zu Hause einen Stein mitzubringen und ihn – wie es Pilger seit Jahrhunderten tun – hier symbolisch für eine Seelenlast abzulegen. Bigi und ich legten unsere Steine für die kurz zuvor bestandene Magisterarbeit unserer Tochter Caren ab. Uns war in der Tat ein Stein vom Herzen gefallen – wir haben ihn beinahe plumpsen gehört.

Die karge, weite Landschaft auf dem Fjell mit den tief hängenden grau-weißen Wolkenbergen erinnert uns immer wieder an die Hochebenen des Himalaya. Dort haben wir uns vor 30 Jahren neu verliebt. Das machen wir öfter. Und manchmal heiraten wir auch wieder – ebenfalls symbolisch, wie die Steine, die wir hier oben abgelegt haben.

Auf der Höhe des Dovrefjell erleben wir eine grandiose Landschaft, mit Moosen und Flechten und weiten Ausblicken. Manchmal habe ich den Eindruck, die Wege werden bewusst über die höchsten Berge geführt, damit die Pilger nicht die schönsten Aussichten verpassen. Wir laufen auf dem Fjell oberhalb der Baumgrenze. Hier oben gibt es Wölfe, Bären und Moschusochsen.

Schon an diesem Pilgertag lerne ich, anders mit der Zeit umzugehen. Die Uhr bleibt im Rucksack.

Lektion Nummer drei:
Ich verliere zuerst die Uhr aus dem Auge und dann auch aus dem Sinn.

Albert Einstein hat gesagt: »Die Zeit ist das, was die Uhr anzeigt.« Aber ich lerne jetzt, dass die Zeit etwas ganz anderes ist als die Uhr. Ein Blick nach oben zeigt uns die Zeit.

Mir wird bewusst, dass Zeit keine Minuten- oder gar Sekundenschinderei wie beim Leistungssport ist, sondern das Kostbarste, was wir haben. Zeit ist einfach Zeit. Entscheidend, so denke ich beim Pilgern, ist wohl das, was wir aus unserer Zeit machen. Jede und jeder hat Tag für Tag 24 Stunden Zeit. Vor Gott und vor der Zeit sind wir alle gleich. Die Zeit ist eine sehr demokratische Einrichtung. »Ich habe keine Zeit«, ist deshalb eine der meistgebrauchten, aber lächerlichen Ausreden – speziell unserer Zeit.

Und was ist Zeit für mich? Mindestens drei Viertel meines Lebens sind vorbei. Nun gilt es, auch noch den Rest zu überstehen. Die Zeit steht still. Wir sind es, die vergehen. Alter – auch das ist Anfang. Ich sehe jedem Morgen hoffnungsvoll entgegen. Auch mit grauen Haaren kann man noch jugendlich denken. Selbst wenn man Alt heißt. Gerade dann sollte man es versuchen. Indem ich von Tag zu Tag pilgere, pilgere ich von Anfang zu Anfang. Jetzt, in diesem Augenblick, ist der Beginn vom Rest meines Lebens.

In der Sprache unserer Politiker höre ich ständig, dass der Jugend die Zukunft gehört. Das ist nur die halbe Wahrheit: In den immer älter werdenden Gesellschaften gehört die Zukunft auch den Alten. Das noch gängige Motto: »Alt. Aus. Amen!« ist nicht zukunftsfähig. Viele Politiker und Gewerkschaftsfunktionäre haben nicht begriffen, dass die jungen Alten ganz neue Lebensperspektiven haben. Ich überlege, was ich mir für mein Alter wünsche: Lachfalten. Ganz viele! Und offen sein für Neues. Bis zum letzten Atemzug. Und noch etwas möchte ich bleiben: berührbar! Und vor allem: noch viele Jahre mit Bigi! Beim Schreiben dieses Wunsches spüre ich, dass er ein Gebet ist. Spätestens auf dieser Pilgerreise wird mir klar, dass es wirklich Ehen gibt, die im Himmel geschlossen werden. Geradezu symbolisch dafür haben wir uns 1966 im Petersdom in Rom in einer kleinen Seitenkapelle trauen lassen. Wir haben es nie bereut.

Allmählich wird mein Olavsweg zum Pfad erkennender Philosophie. Die letzten Kilometer vor Fokstugu gehen wir schweigend. Wir erreichen eine kleine Gruppe von wildzerzausten Krüppelbirken auf etwa 1000 Metern Höhe. Bernd sagt: »Die Bäume haben eine Seele und sprechen zu dem, der genau hinhört.« Wir schauen auf den Weg, den wir gekommen sind, und verneigen uns vor ihm. Und dann schauen wir auf den Weg, den wir morgen gehen wollen, und verneigen uns wieder. Wir müssen noch nasse Moore überqueren und in kleinen Flussläufen über Steine hüpfen. »Der Weg über das Dovrefjell ist das schwierigste und gefährlichste Stück des Pilgerwegs«, schreibt Bernd Lohse in seinem packenden Pilgerkrimi »Familienbande«.

Am Abend dieses Tages landen wir auf dem höchstgelegenen Bauernhof Norwegens.

Das Wunder von Fokstugu

In dem historischen Hof Fokstugu auf dem Dovrefjell wollte Norwegens Regierung im letzten Jahrhundert ein europäisches Atommülllager einrichten. Das atomstromfreie Norwegen wollte den Atomstrom erzeugenden Nachbarn aus der Atommüllfalle helfen. Denn nirgendwo in Europa gibt es bis heute ein Endlager für den Müll. Diesen Frevel hat die norwegische Umweltbewegung mit Laurits Fokstugu an der Spitze verhindert. Laurits und Christiane Fokstugu erzählen uns ihre Geschichte.

Laurits hat den Hof in der elften Generation geerbt. Er ist ein Naturbursche, der sagt: »Die Natur ist meine Religion. Hier finde ich Antworten auf alle Fragen meines Lebens.« Christiane spricht sieben Sprachen und lebte 25 Jahre lang als Korrespondentin einer schwedischen Zeitung in Paris, »bis Gott mich hierher zu Laurits geführt hat«. Die beiden sympathischen Norweger leben von der Landwirtschaft und ihren Schafen. Sie sehen in der Natur den größten Schatz ihres Landes. In keinem Land der Welt habe ich bisher so viel unberührte Natur gesehen und erlebt. Norwegen definiert seine Identität auch aus seiner alten Bauernkultur. Nicht zuletzt deshalb ist das Land nicht Mitglied der EU geworden. Erst hier verstehe ich diese Eigenwilligkeit, die mir bisher unverständlich schien. Die Brüsseler EU-Bürokratie macht Landwirtschaftspolitik nach dem Motto: je weniger Bauern, desto besser. Überleben sollen nur noch die ganz großen Höfe. Eigentlich brauchen wir ja gar keine Bauern, wir haben schließlich Aldi und Konsorten! Die Konsequenz dieser Politik ist das größte Bauernsterben in Europa seit dem Mittelalter.

Schon König Øystein ließ hier im 12. Jahrhundert auf dem Fjell vier Häuser bauen, die Saelehus, als Schutzhütten für Pilger und Reisende. Ende des 19. Jahrhunderts wurde das Gut zu einem modernen Hochgebirgshotel mit 100 Betten umgebaut. 1923 entstand hier das erste größere Naturschutzgebiet Norwegens. Das vornehme Haus wurde während des Zweiten Weltkriegs vom deutschen Militär besetzt. Die Großeltern von Laurits haben dieses Haus bis zu ihrem Tod nicht mehr betreten. Zu viel Schreckliches, berichten uns die beiden, sei dort passiert. Norwegische Widerständler wurden hier gefoltert und umgebracht, Frauen vergewaltigt. Das Haus, in dem deutsche Militärs wohnten, feierten und vergewaltigten, steht auch 2010 noch leer. In den übrigen Gebäuden übernachten inzwischen Pilger. Mir fiel plötzlich ein, dass ich es nie gewagt hatte, meinen Vater zu fragen, was er in den sechs Jahren, die er als Soldat des Zweiten Weltkriegs in Norwegen verbracht hatte, eigentlich getan hat. Hat er als Maurer wirklich nur Straßen gebaut, wie er mir immer wieder erzählt hat, oder hat auch er Menschen getötet, gequält und gefoltert?

Mir wurde erst hier in Fokstugu klar, wie feige ich meinem Vater und mir selbst gegenüber gewesen bin. Angst vor der Wahrheit. Sie hätte ja mein heiles Vaterbild ins Wanken bringen können.

Zu Fokstugu gehört auch eine kleine Kapelle – ein Guds Huset – ein Gotteshaus. Der Protestant Laurits läutet hier jeden Tag dreimal den Angelus, den Engelsgruß an Maria. Beim Angelusläuten sprechen viele norwegische Protestanten das Vaterunser. Gelebte Ökumene und Toleranz.

Christiane erzählt uns die wunderbare Geschichte dieses Gotteshauses: Die Kapelle war früher ein Schafstall aus dem 18. Jahrhundert. Zusammen mit Pilgern haben die beiden den Stall zur Kapelle umgebaut, hauptsächlich mit Holz aus der Umgebung und alten Materialien vom Hof. Christiane sammelte zwanzig Säcke Fjell-Moos, die als Abdichtung und als Dämmmaterial zwischen den Balken dienen sollten.

Aber hier oben auf 1000 Meter Höhe weht fast immer ein starker Wind. Dieser würde das getrocknete Moos wegwehen. Und chemisches Bindemittel sollte bei dem ökologischen Bau nicht verwendet werden. Also musste um Windstille gebetet werden. Zwischen den Herbststürmen war nur ein kleines Zeitfenster für eine mögliche Windstille – am ehesten kam der 25. November 2008 infrage. Christiane und Laurits mailten und telefonierten mit 100 Pilgerfreunden in ganz Europa, die um Windstille am Tag des Hüttenbaus beten sollten.

Und siehe da: Am 25. November 2008 wehte kein Lüftchen in Fokstugu, der Wind war einfach eingeschlafen – und das Guds Huset konnte gebaut werden. Halleluja!

Bei Gott gibt es immer eine Brücke. Oder wie Margot Käßmann sagt: »Du kannst nie tiefer fallen als in Gottes Hände.«

Lektion Nummer vier:
Bei Gott und in Fokstugu ist kein Ding unmöglich.

Als der Bau der Kapelle zu Ende war, kam starker Wind auf und es fiel gewaltig Schnee. Gott selbst hat sein Hus eingeweiht: Eine sechs Meter hohe Schneewand türmte sich um die kleine Kirche auf.

Inzwischen besuchen auch Strafgefangene aus norwegischen Gefängnissen, die auf dem Olavsweg als Resozialisierungsmaßnahme pilgern, Fokstugu und die in Windstille gebaute Kapelle. Sie beten gemeinsam mit Pastoren und anderen Pilgern. Das ist einmalig in Norwegen und zeigt die zunehmende Bedeutung des Pilgerns auch im Norden.

Wenn Vertrauen – bildlich und biblisch gesprochen – »Berge versetzen« kann, warum soll es dem Wind nicht Einhalt gebieten? Wenn das bei Jesus vor 2000 Jahren auf dem See Genezareth geklappt hat, warum dann nicht auch zu unserer Zeit? Wo steht geschrieben, dass diese Wunder des Vertrauens nur früher und bei Jesus möglich waren? Der Nazarener selbst hat gesagt: »Alles was ich getan habe, könnt ihr auch. Und noch mehr.« Warum nur haben wir so wenig Vertrauen in die Wahrheit dieses Jesus-Wortes? Warum sind wir so kleingläubig? Woher kommt es, dass wir Heutigen uns so schwer tun mit Wundern? Vielleicht kannte Albert Einstein die richtige Antwort. »Zwei Dinge«, sagte der Nobelpreisträger, »sind nach meiner Lebenserfahrung grenzenlos: das Universum und die menschliche Ignoranz – wobei ich mir beim Universum nicht ganz sicher bin.«

Einer der prominentesten Intellektuellen unserer Zeit ist der englische Astrophysiker Stephen Hawking. In seinem Buch »Der große Entwurf – eine neue Erklärung des Universums« meint er, dass unser Universum nicht das einzige ist und dass die vielen Universen »aus dem Nichts« geschaffen wurden. »Ihre Schöpfung ist nicht auf die Intervention eines übernatürlichen Wesens oder Gottes angewiesen ... Obwohl wir nach kosmischen Maßstäben nur winzig und unbedeutend sind, werden wir dadurch in gewissem Sinne zu den Herren der Schöpfung.«

Wir, die Herren der Schöpfung? Wirklich? Wer von uns hat sich denn selbst geschaffen? Oder auch nur einen Grashalm? Am Schluss desselben Buches steht in der Danksagung dann ein interessanter Satz: »Ein Buch braucht einen Schöpfer.« Also: Jedes Buch braucht einen Schöpfer – aber die gesamte Schöpfung braucht keinen?

Eine bemerkenswerte »Logik« in ein und demselben Werk. Das Buch, das Sie gerade lesen, brauchte sogar drei Schöpfer. Es kam sicher nicht zustande, indem die drei Autoren Lohse, Weyer und Alt mit einer Million Buchstaben auf einen Turm stiegen, diese aus dem Fenster warfen und unten dann durch puren Zufall das fertige Buch herausgekommen ist. Auch dieses Buch brauchte also Schöpfer. Absolut logisch! Aber das Universum braucht keinen Schöpfer? Absolut unlogisch. Da scheint mir Einsteins Theorie einleuchtender: »Gott würfelt nicht.« Ein Schöpfer oder eine Schöpferin schafft. Vielleicht auch beide zusammen!

Wenn Astrologen heute ausrechnen können, wie die Sterne am Himmel vor Tausenden von Jahren standen und wie sie in Millionen Jahren stehen werden, dann muss es auch einen Meister geben, der dafür gesorgt hat, dass Milliarden Rädchen und Billiarden Teilchen exakt zusammenpassen. Die Indianer nennen diesen Meister genauso wie das Neue Testament »Großer Geist« oder »Geist«.

Ich halte es für rationaler, mich als Teil von Gottes Schöpferarbeit zu empfinden oder als Gottes Mitarbeiter. Er hat nur unsere Hände. Viele Wissenschaftler lesen Unmengen an Büchern, sind aber Analphabeten, wenn es darum geht, im Buch der Natur zu lesen. Ich habe zunehmend Zweifel an dieser Art von Rationalismus. Und dieser Zweifel scheint mir nicht irrational. Im Gegenteil: Die modernen Rationalisten weigern sich, die Erkenntnisse der Quantenphysik, der Gehirnforschung oder erst recht das, was die Nahtodforschung uns lehrt, zur Kenntnis zu nehmen.

Das neue Weltbild der Quantenphysik geht davon aus, dass menschlichem Wissen und Allmachtstreben Grenzen gesetzt sind. Den Reichtum unseres Planeten dürfen wir nicht verprassen. Und mit dem Leben unserer Kinder und Enkel dürfen wir nicht russisches Roulette spielen. Im Weltbild der Quantenphysik ist alles im Fluss, die Wirklichkeit ist eher Potenzialität als Realität.

Alles steht in Beziehung zueinander. Der Quantenphysiker und Heisenberg-Schüler Hans-Peter Dürr sagte: »Das neue Paradigma in der Wissenschaft heißt Verbundenheit.« Im Zeitalter dieser »Vernetzung« nehmen wir Abschied vom alten aristotelischen Weltbild, in dem alles erklärbar und machbar schien. Alles steht miteinander in Beziehung: das Göttliche, das Menschliche, das Pflanzliche, das Tierische, alles Leben. Wenn Albert Schweitzer im afrikanischen Urwald erkannte: »Ich bin Leben, das leben will – inmitten von Leben, das leben will«, dann brachte er zum Ausdruck, dass das Urprinzip allen Seins die Verbundenheit, letztlich die Liebe oder der Geist ist. Die Grundlage der Welt ist also nicht materiell, sondern geistig. Die Schöpfung ereignet sich in jedem Augenblick neu.

Ich habe mit allen in der Gruppe über die wunderbare Geschichte von Christiane gesprochen. Und alle hatten Grund, sie zu glauben. Weil auch die Strafgefangenen an das Wunder von Fokstugu glauben, bringen sie regelmäßig selbstgefertigte Kerzen aus ihren Gefängniswerkstätten in die Kapelle. »Dieses kleine Gotteshaus soll für alle Menschen guten Willens da sein«, erzählt uns Christiane, »für Pilger aus ganz Europa ebenso wie für norwegische Strafgefangene, für Moslems, für Buddhisten, für Hindus, für Gläubige und Ungläubige.« Ich habe selten in meinem Leben Menschen mit so viel Gottvertrauen und Lebensfreude wie Christiane und Laurits getroffen. Sie strahlen ein urchristliches Charisma aus.

Ein Tropfen Vertrauen kann unter Umständen mehr wert sein als ein Ozean voll Verstand. Das Hauptproblem vieler persönlicher, wirtschaftlicher, ökologischer und politischer Krisen unserer Zeit ist unsere Vertrauensschwäche. Jesus wurde nicht müde, seinen Freunden zuzurufen: »Habt doch mehr Vertrauen, seid nicht so kleingläubig.« Kein anderes Jesus-Wort ist im Neuen Testament so häufig überliefert. Jesus wollte damit sagen: Du kannst nie tiefer fallen als in Gottes Hände. Hab Urvertrauen in das Leben!

Inzwischen gab auch die norwegische Kirche dem »Wunder von Fokstugu« ihren Segen. Kurz vor unserem Besuch wurde die Kapelle von der Bischöfin von Hamar und dem Bischof von Trondheim offiziell eingeweiht. Evangelische Pastoren, katholische Mönche, Nonnen aus Trondheim, Gefangene aus drei Gefängnissen und 200 Besucher und Pilger waren dabei. Das Kruzifix des Gotteshauses wurde von Strafgefangenen, die mit einem Pilgerpastor den Olavsweg pilgerten, aus zwei alten Türscharnieren gefertigt. Keine noch so prächtige Kathedrale kann mich mehr beeindrucken als dieses schlichte »Guds Huset« – ein Gotteshaus voll ökologischer Poesie.

Lektion Nummer fünf dieser Pilgerreise:
Gottvertrauen, Lebensfreude und Himmelsnähe wirken
beglückend und ansteckend.

Der tiefe Glauben des wundervollen Liebespaares Christiane und Laurits erinnert mich an die berühmte Antwort,
die Carl Gustav Jung in einem BBC-Interview gab. Die eng-
lischen Kollegen haben den Schweizer Tiefenpsychologen
gefragt: »Glauben Sie an Gott?« Jungs Antwort: »Ich muss
nicht glauben, ich weiß.« Wichtiger als kirchliches Glauben
ist das persönliche Erfahren Gottes.

Echtes Vertrauen heißt niemals blindes Vertrauen. Es eröffnet vielmehr die Chance, an einer besseren und gerechte-
ren Welt mitzuarbeiten. Die unglaublichste Vertrauensge-
schichte ist die Geschichte von Jesu Auferstehung. Warum
nur glauben seit 2000 Jahren Milliarden Menschen an diese
phantastische Geschichte? Auferstehung ist jeden Tag neu
möglich. Für dich. Für mich. Jetzt und morgen und übermorgen. Immer!

Jetzt weht der Wind des Wandels

In den letzten Jahren wurde hauptsächlich nach dem Motto
»Bereichert euch« gewirtschaftet. Der Gewinn der wenigen
ging auf Kosten der vielen. Dabei wurde verdrängt, was
Menschen zu Menschen macht: Geist und Gerechtigkeits-
gefühl, Mut und Muße, Träume und alternatives Denken,
Solidarität, Empathie und Vertrauen. Solidarisches Denken
und Handeln wurde als »Sozialismus« denunziert und soziale Marktwirtschaft mit Ellbogen-Kapitalismus verwech-
selt. Gleichheit galt als Gleichmacherei. Banken waren »sys-
temrelevant« und mussten mit Milliarden Steuergeldern
gerettet werden, nicht aber die Umwelt oder die »Schlecker-
Frauen«. Ein Wirtschaftssystem, das die Reichen immer rei-
cher und die Armen immer ärmer macht, wurde als alterna-

tivlos erklärt. Wir werden jedoch lernen müssen, anders über Profit zu reden: Der Profit eines Konzerns ist häufig ein Defizit für die Erde und ihre Bewohner.

Doch jetzt weht der Wind des Wandels.

In unserer Zeit beginnt die Auferstehung in ein neues, junges, bewussteres und freieres Leben – Wut- und Mutbürger gewinnen weltweit, quer durch alle parteipolitischen Lager, an Kraft. Kein Zufall, dass die Streitschriften des französischen Philosophen Stephane Hessel »Empört euch!« und »Engagiert euch!« in ganz Europa Bestseller wurden. Hessel ruft zum Widerstand gegen die Diktatur des Finanzkapitalismus, gegen die Unterdrückung von Minderheiten, gegen die Umweltzerstörung auf. Seine Empfehlung können Pilger gut verstehen: »Neues schaffen heißt Widerstand leisten. Widerstand leisten heißt Neues schaffen.« Wir werden nur bewahren, was wir lieben. Aber alles, was wir wirklich lieben, kann auch gerettet werden.

Pilger sind nicht unbedingt fromm, aber sie sehnen sich nach Veränderung – und dazu gehören selbstverständlich politische Transformationen.

Die profane Botschaft unserer Zeit heißt: »Fürchtet euch vor der Krise.« Vor der Wirtschaftskrise. Vor der Eurokrise. Vor der Energiekrise. Vor den Umweltkrisen. Vor der Demokratiekrise. Vor der Parteienkrise. Doch die Botschaft des Auferstandenen heißt: »Fürchtet euch nicht – habt Vertrauen.« Was heißt das für uns Heutige?

Wir können Vertrauen haben in das Leben. Vertrauen in Gott, in die Menschen, in die Schöpfung und in die Kraft der Veränderung.

Dieses Vertrauen ist freilich nur gerechtfertigt, wenn es verbunden ist mit unserer Bereitschaft, an der Realisierung dieser Ziele mitzuarbeiten. Alles andere ist Illusion. Alle großen politischen Fortschritte der letzten Jahrhunderte mussten von unten erkämpft werden: die Demokratie, die Arbeiter- und Gewerkschaftsrechte, die Frauenemanzipation, mehr Rechte für Kinder, mehr Umweltschutz, die

Tierrechte und jedes einzelne Freiheitsrecht. Jeder Bauer weiß: Alles was wächst, wächst von unten. Von oben wächst gar nichts.

Am nächsten Morgen wiederholt sich das Wunder der beiden Vortage: Regen noch während des Frühstücks und gleich danach strahlender Sonnenschein.

Lektion Nummer sechs:
Verlier nie den Glauben an die Sonne – auch wenn sie sich hinter den Wolken verbirgt.

Ein Gespräch über das Wasser

Unser Fotograf Helfried Weyer ist ein Jahr jünger als ich. Und wie sich das für uns Senioren gehört, bilden wir oft das Schlusslicht der Pilgergruppe. Aber dafür haben wir viel Zeit für Gespräche. Renate und Helfried haben von uns allen am meisten von der Welt gesehen.

Später an diesem Tag war es vorbei mit Sonnenschein. Wir mussten bei strömendem Regen und eingepackt in unsere Regenmäntel mehrere Gebirgsbäche auf rutschigen Steinen durchqueren. Helfried und ich sprachen – passend zum Wetter – über das Weltthema und Hauptnahrungsmittel Wasser. Norwegen hat genug davon, aber die südliche Erdhälfte zu wenig.

Die Hungerkatastrophe auf unserer Erde ist primär ein Wasserproblem. Wasser ist die Grundlage allen Lebens. Ohne Wasser kein Leben, keine Pflanzen, keine Tiere, keine Bäume, keine Menschen. Aber weltweit trocknen heute Seen aus, das Grundwasser zieht sich zurück und viele Flüsse führen immer weniger Wasser. In Nordchina habe ich Regionen besucht, in denen der Grundwasserspiegel seit Langem jedes Jahr um bis zu zehn Meter absinkt.

Heute hat bereits weit über eine Milliarde Menschen kein sauberes Trinkwasser. Bis 2030 – so schätzt die UNO – werden es drei Milliarden sein. Der Klimawandel verschärft das Wasserproblem weltweit. Auch im heute noch wasserreichen Deutschland kann es zu Trockenheit und Dürre kommen. Eine gerechte Wasserverteilung ist daher ein Schlüsselproblem des 21. Jahrhunderts. Das Wasser könnte uns schneller ausgehen als das Erdöl. Aber darauf ist die Menschheit so wenig vorbereitet wie auf den Klimawandel. Ein UNO-Bericht hat vor Kurzem festgestellt: »Wasser wird bald kostbarer als Gold.« Wasser ist ein Nahrungsmittel – Gold nicht.

Unstrittig ist, dass es genug Wasser auf unserer Erde gibt. Der liebe Gott war nicht blöd und die Evolution nicht doof. Wenn wir es intelligenter anstellen als heute und lernen, mit der Natur anstatt gegen sie zu arbeiten, dann muss auf unserem schönen blauen Planeten bald kein Kind mehr verhungern oder verdursten. Es reicht, so hat es schon Mahatma Gandhi formuliert, für jedermanns Bedürfnisse, aber nicht für jedermanns Habgier. Helfried und ich waren uns rasch einig, dass dieses Thema künftig weit mehr als bisher in den Vordergrund gerückt werden muss. Wir stimmten auch darin überein, dass unsere Journalistenzunft gegenwartsversessen, aber nahezu zukunftsvergessen ist. Vor lauter aktuellen Events blenden wir wichtige Zukunfts- und Überlebensthemen aus. Die aktuelle Wirtschaftskrise, über die ständig berichtet wird, ist zum Beispiel ein Problem von zwei oder drei Jahren. Aber die Klimakrise, über die immer weniger berichtet wird, ist die Überlebensfrage der nächsten paar tausend Jahre. Wenn das Klima kippt, kann es Jahrtausende dauern, bis es wieder in Balance kommt.

Wenn wir Wasserkriege vermeiden wollen, dann brauchen wir so rasch wie möglich eine andere Politik. Unser täglicher Trinkwasserbedarf beträgt zwei bis drei Liter. Damit können wir überleben. Aber zur Produktion eines Kilogramms Rindfleisch benötigen wir 15 000 Liter Wasser. Schon diese Zahlen zeigen, dass die Wasserprobleme lösbar sind.

Die Instrumente für eine intelligente und faire Wasser-politik sind inzwischen so bekannt und erprobt wie die für die Energiewende. Ich habe erlebt, wie indische Bauern mit-hilfe einfacher Wassermanagement-Methoden ihre Ernte verdreifacht haben. Ähnliches weiß ich von afrikanischen Bauern. Der österreichische Bergbauer und Bauernrebell Sepp Holzer hat verwüstete Landstriche in Südamerika wieder begrünt. Es gibt also keine Ausreden mehr. Wir wis-sen längst, was wir tun, aber wir tun nicht, was wir wissen. Wir müssen selbst die Veränderung sein, die wir in der Welt zu sehen wünschen. Die zunehmenden Umweltkatastro-phen sind keine Naturereignisse, sondern die Folge krasser Fehler, in Forst- und Landwirtschaft, im Wassermanage-ment, im gigantischen Ressourcenverbrauch, in Wissen-schaft und Politik.

Es regnet immer noch, während wir über das Wasser reden. Mir wird bewusst: Das Wasser kommt vom Himmel und kehrt erst wieder zum Himmel zurück, wenn es unse-ren Durst gestillt, einen Samen hat keimen, einen Baum hat wachsen oder eine Blume sich hat öffnen lassen. Ich danke dem Himmel für den Kreislauf des Wassers.

Heute leidet nahezu jeder zweite Bewohner der »Dritten Welt« an Krankheiten, die durch Wassermangel oder durch verseuchtes Wasser hervorgerufen wurden. Hunger und Wassermangel sind bei gleichzeitigem Überfluss anderswo die größte Schande unserer Zeit. Jede und jeder sollte an seinem Platz an der Lösung des Problems mitarbeiten. Sie haben richtig gelesen, liebe Leser: Jede und jeder kann daran mitarbeiten – beim Essen, beim Duschen, bis hin zum Ener-gieverbrauch und unserer Mobilität. Wir alle sind Teil des Problems. Die Hauptfrage heißt: Wie werden wir Teil der Lösung? Wir müssen Antworten geben, auch bei unserem Verhalten in der Wahlkabine.

Die Kräfte der Achtsamkeit und Wachsamkeit sind in jedem von uns so präsent, wie die Kräfte der Zerstörung und der Ignoranz. Wir sind für die Heilung des Planeten ebenso verantwortlich wie für die Heilung unseres Selbst. Bewusstes Werden ist immer mit Arbeit verbunden. So wie Liebe immer auch Liebesarbeit ist. Achtsamkeit ist eine faszinierende Kraft. Wenn wir aus unseren Erfahrungen bewusst Schlüsse ziehen, dann erwächst daraus die Kraft für Veränderung. Wenn wir uns auch um die kleinen Dinge bemühen, dann kann die Achtsamkeit wachsen wie ein Muskel, den wir trainieren. Aber ohne Training erschlaffen die Muskeln der Achtsamkeit. Achtsam werden heißt also: lernen aus eigenen Erfahrungen.

Zum Abendmahl treffen wir uns an diesem Tag in einem für unsere Pilgerverhältnisse komfortablen Hotel in Kongsvold, in dem früher norwegische Könige abgestiegen sind. Passend zu unserem Tagesgespräch meditieren wir über die Schlüsselworte »Lebensmut« für Olav und »Einfachheit« für Birgitta. Dieses Hotel gehört zum norwegischen Kulturerbe und betreibt auch eine angegliederte Pilgerherberge. Bei einem deftigen norwegischen Abendbrot und einem kühlen Bier lassen wir es uns richtig gut gehen.

Beim Überqueren eines Bergbachs hatte uns Bernd den Segen mit frischem Gebirgswasser gespendet: »Im Namen Gottes segne ich dich und du wirst ein Segen sein.« Renate hat unseren Pastor mit denselben Worten gesegnet. Dieser Segen des großartigen Pilgerpastors hat uns alle seelisch aufgeladen. Bernd lebt und personifiziert eine neue Theologie der Schöpfung. Eine Outdoor-Theologie. Damit ist er ein echter Nachfolger Jesu, der selten im Tempel gepredigt hat, sondern auf dem Berg, am See und auf dem freien Feld.

Lektion Nummer sieben dieser Pilgerreise:
Lebensqualität ist nicht Geld und äußerer Reichtum,
sondern Glück durch Einfachheit und Zufriedenheit.
In der Achtsamkeit steckt eine Zauberkraft.

Zu viele Menschen versuchen, das Loch der spirituellen Leere mit Geld zu füllen. Souverän ist nicht, wer viel hat, sondern wer wenig braucht. Wir haben keine wirkliche Lebensqualität, solange täglich 30 000 Menschen verhungern und verdursten.

Wir alle spüren in uns die Sehnsucht nach einer besseren Welt. Mitgefühl, Achtsamkeit und Nächstenliebe können zum prägenden Merkmal unseres Lebens werden. »Es kommt nicht darauf an, ein gläubiger Mensch zu sein, es kommt darauf an, ein guter Mensch zu sein«, sagt die Religionswissenschaftlerin Karen Armstrong. Doch für viele ist »Gutmensch« geradezu ein Schimpfwort – vor allem unter rationalistischen, gefühlsarmen Intellektuellen.

Heute habe ich auf das Kleine und Zarte und Einfache geachtet: auf die Blume am Wegesrand, auf einen schönen Stein unter meinen Füßen, auf den Wind in Bigis Haaren, auf das frische Wasser in der Mittagspause und auf meine Träume. Bei diesen Achtsamkeitsübungen fällt mir der Buchtitel der indischen Autorin Arundhati Roy ein: »Der Gott der kleinen Dinge«. Ja, das Göttliche ist nicht nur großartig und überwältigend, es kann ebenso klein und unscheinbar sein.

Gegenüber unseren Mitpilgern spüre ich eine Art Seelenverwandtschaft, ebenso wie meinen Lesern gegenüber. Dank meiner Leser fühle ich mich weniger fremd in Peking und Tokio, in Rio und Seoul, in Kairo und Kapstadt, in New Delhi und Taipeh, in Sofia und Thessaloniki, in Hamburg und München. Ich finde überall auf der Welt Suchende und Freunde, Menschen mit ähnlichen Zielen und Idealen, Werteverwandte.

»Gott ist Geist«, sagt Jesus im Johannesevangelium. Und

den Geist des Göttlichen kann man beim Pilgern neu entdecken. Auch den Geist, der Gleichgesinnte verbindet. Gottsucher suchen und finden sich, zum Beispiel beim Pilgern. Sonst wäre ich jetzt nicht hier in Norwegen.

Mein Abendgebet bewegt mich heute, am Tag der kleinen Dinge, mehr als sonst. Es sind diese kleinen Dinge, die uns Gott näher bringen und glücklich machen. Plötzlich empfinde ich eine riesige Freude und Dankbarkeit, Teil des Universums zu sein. Dabei spüre ich, dass Tiere, Pflanzen und Menschen eine Einheit bilden.

Die große Hybris unserer Spezies besteht darin, dass wir uns einbilden, es käme nur auf uns Menschen an. Das Wohlergehen jedes Teils hängt ab vom Wohlergehen des Ganzen. Ein Rechtssystem exklusiv für Menschen ist wirklichkeitsfremd. Die Tiere und Pflanzen, die wir ausrotten, können zwar nicht vor ein Gericht ziehen, aber wir Menschen können ihre Anwälte sein. So werden wir lernen müssen, nicht nur im Namen des Volkes, sondern im Namen der Natur Recht zu sprechen. »Im Mittelpunkt der Mensch« klingt fortschrittlich und ist doch reaktionär. Es ist die anthropozentrische Ursünde unserer Zeit. Das Überlebensmotto kann nur heißen: im Mittelpunkt das Leben. Wir sind nicht die Herren der Schöpfung. Wir sind Geschaffene. Beim Pilgern in Norwegen sieht man jeden Tag, dass alles Lebendige eine große Gemeinschaft ist. Berge und Täler, Seen und Wälder, Flüsse und Hochmoore, Menschen, Tiere und Pflanzen.

Vielfalt pur in einer alten Bauernkultur! Viele Landwirte in Deutschland setzen auf Monokulturen, zum Beispiel auf Mais. In Norwegen suche ich Monokulturen vergeblich. Hier wissen die Bauern noch, dass natürliche Landwirtschaft immer Vielfalt bedeutet. Monokulturen bedeuten eine Störung der biologischen Integrität des Planeten. Das Leben wird in seiner Vielfalt gebraucht. Deshalb sind das Artensterben und die Zerstörung der Biodiversität so tragisch.

Eine Landwirtschaft, die auf Einheitlichkeit programmiert ist, kann keine Zukunft haben. Es ist kein Zufall, dass die Natur immer Individuen produziert: nicht zwei Menschen, nicht zwei Bäume, nicht zwei Schneeflocken, nicht zwei Tage, nicht zwei Nächte sind gleich. Die Natur verachtet Gleichförmigkeit.

Das ist das wahre Wunder der Schöpfung: Dass überhaupt etwas ist und nicht nichts, und dass vielfältigste Vielfalt ist. Wenn sich diese Vielfalt wesentlich vermindert, gerät das Leben selbst in Gefahr. Zurzeit erleben wir das dramatischste Artensterben seit dem Verschwinden der Dinosaurier vor 65 Millionen Jahren.

Einseitig romantische Begeisterung für die Natur wird uns nicht helfen. Wir brauchen eine Politik für die Ökologie mit Herz und Verstand. Wir müssen lernen, dass wir nicht länger die Lebenszusammenhänge zerstören dürfen. Mit »Immer mehr und immer schneller« sind wir in der Sackgasse gelandet. Wie wär's denn mit dem Motto »Immer besser und immer schöner«?

Auch der nächste Tag sollte ein ökologischer Tag werden, genauer gesagt ein tiefenökologischer. Für mein Buch »Der ökologische Jesus«, das vor zehn Jahren erschienen ist, habe ich viele Inspirationen von der ökophilosophischen Bewegung Norwegens erhalten. Jetzt sollte ich einen ihrer Väter kennenlernen.

Mit Achtsamkeit die ökologische Krise überwinden

»Achtsamkeit«, sagte mir der Dalai Lama, »ist die Basis zur Überwindung der ökologischen Krise.« Dieselbe Intention verfolgt die Tiefenökologie. Vereinfacht gesagt: Die Technik allein wird uns nicht retten. Voraussetzung zur Heilung des Planeten ist eine neue Verbindung von Ethik und Technik.

Schon Carl Gustav Jung hatte erkannt: »Allein durch unseren Verstand kommen wir nicht zur Vernunft.« Die einseitig rationalistische Aufklärung hat uns in viele Sackgassen geführt. Was nützt es uns, wenn der Verstand tadellos funktioniert, aber unsere Gefühle ihm keine Orientierung geben? Jesus hat den gleichen Gedanken so ausgedrückt: Was nützt dir aller Reichtum der Welt, wenn deine Seele Schaden leidet? Am Ende unserer Pilgerreise werden wir in Trondheim die dänische Pilgerpastorin Elisabeth Lidell kennenlernen. Sie sagt: »Beim Pilgern wandert mein Glauben vom Verstand ins Herz.« Wir erleben, dass die Wanderung im Außen zur Wandlung im Inneren führen kann. Während du dich physisch fortbewegst, geraten auch dein Geist und deine Seele in Bewegung. Die Verbundenheit mit der Erde öffnet den Geist für den »Vater im Himmel«.

Der Umwelt geht es weltweit immer schlechter. Doch wo Gefahr ist, wächst auch das Rettende. Schon Anfang der Siebzigerjahre des letzten Jahrhunderts entstand in Norwegen eine neue ökologische Bewegung, die Ökologie und Ethik, Umweltprobleme und Psychologie, Ratio und Emotio miteinander zu verbinden suchte. Ihr geistiger Kopf war der Osloer Philosophieprofessor Arne Naess. Mit Technik allein bewältigen wir unsere Probleme nicht, so die nordischen Tiefenökologen oder Ökophilosophen. Was die genau wollen, können Pilger auf dem Olavsweg in Hæverstølen erfahren. Bernds Freund Børge Dahle und seine Frau Unni Larsen gehören zu den Pionieren der neuen Bewegung. Sie haben eine Pilgerherberge eingerichtet und empfangen uns herzlich.

Die Kernaussage von Børges Ökophilosophie, die er an der Universität von Oslo und weltweit in Vorlesungen und Vorträgen lehrt, erfährt jeder Pilger und jede Pilgerin: Wohnen im Einklang mit der Natur, arbeiten mit der Natur, essen nach den Gesetzen der Natur und sich möglichst oft bewegen in der Natur.

»Die großen Herausforderungen, denen wir gegenüberstehen«, sagt uns Børge nach dem köstlichen biologischen Abendessen, »betreffen unsere Grundwerte. Wir haben vergessen, dass Mensch und Natur immer eine Schicksalsgemeinschaft bilden werden. Das 21. Jahrhundert muss ein Jahrhundert der Umwelt werden. Die Ökonomie muss sich der Ökologie unterordnen. Ökonomen müssen lernen, dass die moderne Wirtschaftlehre einige hundert Jahre alt ist, aber die Ökologie und ihre Gesetze einige Jahrmilliarden.«

Ich fühle mich auf meinem eigenen Weg der Ökologie an diesem Abend bestärkt und bin Børge und Unni sehr dankbar für ihre wichtige Arbeit. Weitere Informationen über die Ziele der Ökophilosophen sind über post@stetinddeclaration.com erhältlich.

Wir übernachten auf Matratzen – ohne Schnarch-Probleme – in gemütlichen Blockhäusern und blättern am Abend lange in den Büchern und Broschüren der Tiefenökologie. Ich sehe ein junges Zicklein abgebildet. Darunter steht: »Jedes Kind hat das Recht, frei zu spielen in einer nicht vergifteten Welt.« Das Wohlergehen der Menschheit hängt von der Sorge um alle Menschen ab – davon, dass wir die absolute Gleichheit aller Menschen anerkennen. Wir alle kommen aus einer uralten Welt von Familienkrächen, Stammesdenken, Verbrechen, Terror und Kriegen und entwickelten uns über Jahrtausende zu nationalen Gemeinschaften, kontinentaler Zusammenarbeit, internationalem Handel, zur Demokratie mit Menschenrechten, Rechtsstaat und Gewaltenteilung. Heute können wir an einer globalen Gemeinschaft aller Menschen arbeiten. Jetzt können erstmals die alten Konzepte des Krieges und des Terrors überwunden werden. Die Zeit ist dafür reif. Dem Wohl aller kann ich aber nur wirklich dienen, wenn ich mich selbst kenne. Versöhnung statt Vernichtung! Versöhnung mit mir selbst, meiner Geschichte und mit anderen. Wahrscheinlich sind wir erst am Ziel, wenn wir in jedem Menschen das Gute sehen.

Die Wegkreuzung

Auf dem Pilgerweg spüre ich, dass wir als Industriegesell-
schaften an einer Wegkreuzung stehen: Es ist an der Zeit,
eine soziale und ökologische Entscheidung über den Weg in
unsere Zukunft zu treffen. Das Ziel muss heißen: ökosozial
statt marktradikal. Der Aufbruch in eine neue Ära solida-
rischen Wirtschaftens und Arbeitens sollte unter diesem
Motto stehen: Innovation statt Stagnation – Offenheit statt
Angst! Ein neues Wir-Gefühl und weniger Gier in der Wirtschaft können eine große Quelle des Glücks werden.

Aus dieser Quelle kann jeder schöpfen, ob Mann oder
Frau, ob jung oder alt.

Wir können heute an einer Zukunft arbeiten, die von einem beispiellosen Maß an friedlicher Kooperation gesegnet
ist. Allein in der Kindererziehung haben wir vom Altertum
über das Mittelalter bis ins 21. Jahrhundert eine Entwicklung durchgemacht, die man so auf den Punkt bringen kann:
mehr Liebe, weniger Hiebe! An vielen Stellen sind heute die
alten Teufelskreise durchbrochen. Diese riesige Chance
möglichen Fortschritts zeigt den Weg zwischen einem trü-
gerisch-optimistischen und einem lähmend-pessimistischen
Welt- und Menschenbild.

> Lektion acht unserer Pilgerreise:
> Die Menschheit wird reifen, wenn möglichst viele
> Individuen in Freiheit reifen.

Inzwischen laufe ich an manchen Tagen viele Stunden allein.
Du hörst dabei nur noch deinen eigenen Atem. Du erfährst
Impulse der Stille – auch als eiliger Journalist. Das Stillsein
fällt mir gar nicht leicht. Versuchen Sie doch mal, zwei Minuten an gar nichts zu denken!

Meine Füße haben inzwischen ihren eigenen Takt gefunden. Die Augen sind berauscht von der Schönheit der Landschaft.

In einer Pilgergruppe tut es gut, Ruheinseln zu schaffen. Allein kann ich mich leichter und schneller dem Abenteuer der Stille und Achtsamkeit öffnen. Diese Pilgerreise wird für mich von Tag zu Tag mehr eine Entdeckungsreise der Achtsamkeit, ein Aufbruch. Wesentliches fällt mir in der Stille zu – wie im Traum. Ich weiß inzwischen, dass der Traum für die Seele das bedeutet, was die Nahrung für den Körper ist.

Gott zeichnet den Weg eines jeden Menschen vor. Entscheidend ist, ob wir diesen Weg suchen und finden. Es ist ein magischer Augenblick im Leben eines jeden Menschen, wenn du genau spürst, dass du deinen Weg gefunden hast. Nach einem Vortrag kam eine Frau zu mir und sagte: »Ich habe in vier Jahren vier Vorträge von Ihnen gehört. Und nach jedem Vortrag ist bei uns zu Hause etwas passiert. Nach Ihrem ersten Vortrag kam eine Fotovoltaik-Anlage aufs Dach. Nach dem zweiten Vortrag waren es Sonnenkollektoren. Nach dem dritten Vortrag kauften wir ein kleineres Auto und nach dem heutigen Abend werden wir unseren Ölkessel durch eine Pelletanlage ersetzen.«

In diesem Augenblick wusste ich, was mein Lebensthema war. Heute sehe ich, dass nach jedem Vortrag Veränderungen passieren. Manchmal fühle ich mich wie ein Anwalt der Sonne auf Erden! Zumindest so viel habe ich mit dem heiligen Olav gemeinsam: Auch er sah in der Sonne ein göttliches Symbol. Gott, die Sonne hinter der Sonne. Die Ur-Energie aller Energien. Wir müssen nur den Weg erkennen, den Gott für uns vorgezeichnet hat. Schon in den indischen Upanishaden wurde vor 5000 Jahren vorgeschlagen: »Jeder gehe seinen eigenen Weg. Fremder Weg ist der Mühe voll.«

Wer seinen eigenen Weg gefunden hat, sollte keine Angst haben, ihn auch zu gehen. Und er oder sie sollte keine Angst haben vor Fehlern. Wir sind nur Menschen. Es ist aber ein großer Fehler, wenn wir aus Fehlern nichts lernen.

Achtsamkeit bedeutet ganz wesentlich das Haltmachen im Alltag und die Abwechslung gegenüber dem immer

Gleichen. Dass wir beim Klimaschutz ebenso wie im Beziehungsalltag oder in der Wirtschafts- und Finanzkrise gegen die Wand fahren, wenn wir so weitermachen wie bisher, wird immer offensichtlicher. Aber wo steht geschrieben, dass wir so weitermachen müssen? Meine Lebenserfahrung sagt mir: In der Stille, in unseren Träumen und im Innehalten werden wir Lösungen finden für unsere persönlichen, beruflichen, gesellschaftlichen und politischen Krisen. Hier in der norwegischen Stille spüre ich oft, dass Gottes Geist uns und mich segnet. Das Leben hat schließlich dreieinhalb Milliarden Jahre das Überleben geübt, warum sollten wir es nicht schaffen?

Um die weltweiten Krisen zu überwinden, brauchen wir allerdings ein hohes Wachbewusstsein, angepasste Kreativität und gelebte Intuition. Diese Lektionen können wir lernen in der Schule der großen Meister wie Jesus, Buddha oder Mahatma Gandhi.

Und die Kirchen? Selbst bei vielen Seelsorgern ist das Wort »Seele« ein Fremdwort geworden. Wie die klassische Psychologie einer Vertiefung durch die Tiefenpsychologie bedarf und die Ökologie einer Vertiefung durch die Tiefenökologie, so benötigt die heute so verkopfte Theologie eine Vertiefung durch eine Tiefentheologie. Dabei können Pilgererfahrungen hilfreich sein, denke ich beim Einschlafen nach diesem ereignisreichen Tag. Die Stille in Norwegen, die mir das Nachdenken über so viele meiner Lebensthemen gestattet, ist ein Geschenk.

Lektion neun:
Spiritualität ist Stille mitten im Alltagschaos. Folge den Zeichen deiner Träume. Wenn du dich deinen Träumen zuwendest, dann wenden sich deine Träume dir zu.

Unser Weg verläuft weiter von Hof zu Hof. »Ist Pilgern nicht langweilig?«, wurde ich schon gefragt. Pilgern ist Achtsamkeitstraining im Selbstversuch. Manchmal fällt Regen, ein Bergfluss schäumt, dicke Wolken ziehen vorüber, dann scheint von einer Minute auf die andere die Sonne, ein anderer Pilger oder eine Pilgerin schließt sich dir an und plötzlich bist du im spannendsten Disput, die Flechten strahlen ginstergelb, raus aus dem Wald, rauf auf den Berg, hinunter ins Tal, und dann denkst du plötzlich daran, dass diesen Pilgerweg Tausende vor dir gingen und du fühlst dich eingebettet in einen Pilgerstrom durch die Jahrhunderte. Geschichte Schicht auf Schicht. Von Langeweile keine Spur. Acht Stunden am Tag sind schnell verpilgert. Aber allmählich wird es nördlicher und kälter. Wir dürften die Hälfte unseres Weges hinter uns haben.

Ich bin einen typisch journalistischen Tages- und Nachtrhythmus gewohnt: abends lange arbeiten, morgens spät aufstehen. In Norwegen irritieren mich deshalb die langen Tage und die kurzen Nächte. Ganz früh schon zwitschern die Vögel und die Sonne scheint, die am Abend wiederum gar nicht untergehen will. Wenn ich morgens um halb sieben noch verschlafen aus der Tür schaue, sehe ich strahlend blauen Himmel. Norwegen, die Schöne des Nordens! Gott offenbart sich in seiner Schöpfung. Einen großartigeren, überzeugenderen und schöneren Gottesbeweis als die lebende Natur kann ich mir nicht vorstellen. »Gott ist ein Grüner« – so formuliere ich mein Empfinden bei unserer Abendmeditation.

Lektion zehn:
Entweder wir werden lernen, mit der Natur zu leben,
oder die Spezies Homo sapiens wird verschwinden –
so wie vor 65 Millionen Jahren die Dinosaurier. Die Natur
hat immer recht.

Wir sind unterwegs von Hæverstølen nach Rennebu. Es geht über Waldwege, Almgebiete, Auf- und Abstiege. Norwegens Natur predigt auf ganz einmalige Weise von der Größe und Schönheit Gottes und von den Wundern des Lebens.

Zu den stärksten Erinnerungen von uns Menschen zählen schöne Orte, schöne Menschen, eine schöne Wohnung, schöne Kunst, die Schönheit der Natur, die Schönheit der Stille oder die Schönheit dieses Pilgerwegs. Die Schönheit kommt den Bedürfnissen unserer Seele entgegen. Das Schöne verleiht unserer Seele Flügel, macht uns lebendig. Die Schönheit vermittelt uns ein Gefühl über die Tiefe unserer Herkunft und die Weite unserer Zukunft. Sie lässt uns den Weg ahnen, von dem wir kommen und den wir nach diesem Leben wieder gehen.

Schönheit, wusste Thomas von Aquin, ist göttlich. Der große Theologe des 13. Jahrhunderts gab Gott nicht nur die Eigenschaften des Einen, des Guten und des Wahren, sondern auch des Schönen. Für uns Abendländer klingt das heute etwas überraschend. Kein christlicher Theologe, sondern der Muslim David Kermani hat das Buch publiziert: »Gott ist schön – Das ästhetische Erleben des Koran«.

Die abendländische Gottvergessenheit ist ein Mangel an Schönheit. Wo es aber an Schönheit fehlt, kann Gott nicht mehr als Künstler aller Künstler erahnt werden. Unser Pilgerweg zeigt uns Gottes wilde Schönheit. Die Zeit der Naturzerstörung ist auch die Zeit der schwindenden Schönheit. Ist die heutige globale Krise eine Krise der Schönheit und der Gottesvergessenheit?

In gewisser Weise lassen sich alle gegenwärtigen Krisen darauf reduzieren. Vielleicht ist es an der Zeit, die Dimension des Schönen und den Eros der Schönheit neu zu entdecken. Vielleicht ist unsere Lage deshalb so beängstigend, weil wir das Schöne so furchtbar vernachlässigt haben.

Wenn sich die Wüstengebiete täglich vergrößern, wenn die Luft immer schlechter, die Böden immer saurer, die bewaldeten Regionen immer kleiner und der Terrorismus immer schrecklicher wird, dann muss man nach neuen Brunnen bohren. In Norwegen wird mir klar, dass Gott vollendete Schönheit ist.

Man darf freilich Glamour nicht mit Schönheit verwechseln. Glamour ist billig und kurzlebig, Schönheit hingegen beständig und nachhaltig. Schönheit ist, wo sich die Seele zu Hause fühlt. Sie pflanzt Mut, Hoffnung und Freude ins Herz. Ohne Schönheit sind wir ärmer, ja sogar in unserer Existenz gefährdet. Wenn wir zu einem Menschen sagen: »Ich liebe dich«, meinen wir immer auch: »Du bist schön.« Liebe entdeckt die Schönheit.

Zivilisationskritiker und Soziologen sind sich darin einig, dass unsere Zeit von einem geistigen Hunger geprägt ist. Zwischen materiellem Wohlstand und geistiger Dürre gibt es offensichtlich Zusammenhänge. Wir sind Materie-versessen und Seele-vergessen. Das macht uns zu Fremden im eigenen Leben. Gesundheit wird fast nur noch als körperliche Fitness verstanden. Der lächerliche Diätwahn bei gleichzeitigem Fast-Food-Konsum lässt sich anders nicht erklären. Dass ein zufriedenes Herz und eine inspirierende Seele die größten Kostbarkeiten auf dieser Welt sind, geht im Börsenwahn und Wachstumsglauben unserer Zeit leicht unter.

Am Beginn dieser Reise habe ich mich im Glasdom zu Hamar gefragt, ob und wie ich Gottes Stimme beim Pilgern hören werde. Sie spricht jetzt zu mir. Die Lüge, die Gier und der Irrtum werden vergehen, aber das Wahre, Gute und Schöne bleiben bestehen.

Schönheit ist die Wirklichkeit der Seele. Die Schönheit zeigt uns, dass das Chaos nicht das letzte Wort haben muss.

In jedem von uns schwingt eine göttliche Melodie – auch wenn sie oft nicht bemerkbar ist. Jede und jeder hat in sich eine göttliche Vorstellungskraft, wir sind voll göttlicher Präsenz, unabhängig von unserem gegenwärtigen Bewusstseinszustand. Unser Blick entscheidet, was schön ist. Innen wie außen. Alles hängt davon ab, wie wir die Dinge betrachten. Nur eine helle Innenwelt lässt uns die Außenwelt licht und schön erscheinen. Es gibt Menschen, die beklagen sich bei geschlossenen Rollläden über fehlendes Licht, obwohl draußen die Sonne scheint.

Wenn zwei Menschen sich ineinander verlieben, beginnt die Schönheit der Liebe immer wieder neu. Der Zauber jeder wirklichen Liebe verwandelt Schönheit in Lebensenergie. Nichts verändert und verwandelt uns so sehr wie die Schönheit der Liebe. Wenn wir lieben oder Sehnsucht nach Liebe verspüren, regt sich Gottes Schönheit in uns. Liebe ist die stärkste Kraft im Universum.

Mit unseren Lebensgrundlagen zerstören wir auch die Schönheit unseres blauen Planeten und die Hoffnung, dass es noch Rettung gibt.

Letztlich werden wir nur bewahren, was wir als schön empfinden. Und als schön empfinden wir, was wir lieben. Der Verlust an Schönheit bedeutet die Vernichtung unserer Wurzeln und das Entstehen von Unordnung.

Eine neue Umweltethik und Umweltästhetik sind Voraussetzung einer erfolgreichen Umweltpolitik. Die Schönheit könnte uns retten. Die Schönheit der Natur bietet uns einen Schlüssel zur Erfahrung des Schönsten: Gott. Er oder Sie ist unser Rettungsanker.

Pilgern verändert jeden

Ja, pilgern ist mehr als wandern. Pilgern entschleunigt unseren hektischen Lebensstil. Die Rituale des Gehens, Schweigens, Betens, Meditierens, Singens, der Einfachheit und der Gemeinschaft tun nicht nur dem Körper, sondern vor allem Geist und Seele gut. Aber manchmal müssen wir uns auch über Zauntreppen zwischen den Viehweiden hinwegquälen.

Entschädigt wird unsere Gruppe durch viele kleine »Wunder« am Wegesrand. In der norwegischen klaren Luft gedeihen Moose und Flechten besonders üppig: eine Symphonie in grün, gelb und rotbraun. Flechten, so erklären uns norwegische Bauern, sind ein Zeichen einer guten Luftqualität. Das romantische Gudbrandsdalen lässt uns die kleineren Wehwehchen an Knien und Knöcheln fast vergessen. Aus Seitentälern und von den Bergen stürzen unzählige Wasserfälle in die Bergflüsse. Beim Pilgern in Norwegen ist schnell kein Asphalt mehr unter den Füßen, sondern braune Erde und Blütenpracht so weit das Auge reicht.

Immer wieder spüre ich, dass die Geschwindigkeit des Pilgerns langsam genug ist, um eins zu sein mit der Seele. Der Frieden der unberührten norwegischen Natur durchströmt uns. Und wir wissen: Wer pilgert, fügt der Natur keinen Schaden zu. Da ist er wieder, der Gott der kleinen Dinge und des großen Glücks.

Wir erleben die »Wunder« des Weges von Tag zu Tag intensiver. Selig ist, wer dem Alltagsrummel entkommen kann. Der Weg ist das Wunder. Zu Fuß lassen sich Land und Leute viel tiefer erspüren als im klimatisierten Reisebus. Beim Gehen merkst du, dass sich ständig alles ändert, dass alles fließt, weil das Universum lebt und weil die Welt eine Seele besitzt.

Plötzlich verstehe ich, warum der heilige Franziskus vor 900 Jahren von unserer Mutter Erde, unserer Schwester Sonne und unseren Geschwistern, den Pflanzen und Tieren sprach. Auch er hatte diese tiefe Verbundenheit mit allem Leben in Gottes freier Natur erlebt. Ebenso Albert Schweitzer, der seine Ehrfurcht vor allem Leben im afrikanischen Busch entdeckte: »Die Natur ist die Heimat jeder Kultur.« Wie spannend könnte eine Kirche sein, die diese neuen alten Weisheiten der Tiefenökologie wiederentdeckt.

Pilgern verändert jeden und jede! Danach lebst du bewusster und achtsamer. Du läufst in fremden Landschaften bei jedem Wetter und bist in Wahrheit auf dem Weg zu dir selbst. »Schweigen«, sagt der Benediktiner Anselm Grün, »ist das Bad der Seele. Es gibt kein intensiveres Reinigungsbad als das Schweigen. Schweigen ist der Weg zur Ruhe des Herzens.« Wir pilgern durch das romantische Gudbrandsdalen, über die Höhenzüge des wilden Dovrefjell bis zu 1400 Metern Höhe und schließlich ins geistliche Zentrum Trondheim. Das Jerusalem des Nordens.

Aber bis dahin ist es noch eine Woche. Mitten in einsamer Wildnis lässt Bernd anhalten. Wir bilden einen Halbkreis und schweigen. »Schließt eure Augen und konzentriert euch auf das, was ihr hört«, empfiehlt unser Pastor. Drei Minuten später öffnen wir wieder die Augen und jeder berichtet, was er gehört hat. Eine hatte dem Wind zugehört, ein zweiter dem Bach und eine Dritte dem Zwitschern eines Vogels. Bernd resümiert: Als Pilger werden wir zu Hörenden. Worte werden überflüssig. Selbst Gedanken können schweigen. Pures Dasein.

Es gibt auf dieser Pilgerreise magische Augenblicke, die ich nie vergessen werde, Erfahrungen, die mich bis an mein Lebensende prägen werden. Ich lerne, was wirklich zählt und wertvoll ist. Liebe bedeutet, die Welt und den Weg mit mehreren zu teilen. Wahrscheinlich schenkt uns die irdische Liebe einen Vorgeschmack auf die wahren Freuden. Diese warten wohl im Himmel auf uns.

Kurz danach hat es Bigi erwischt. Das Fjell ist gefürchtet, weil die Pilger dem Wind und dem Wetter – weit weg von jeder Zivilisation – ausgesetzt sind. Kein Auto, keine Bahn, kein Lärm. Du wirst hellhörig für die Sprache der Natur. Aber du spürst auch die Signale deines Körpers. Wir laufen viele Stunden im Dauerregen, und Bigi meint: »Wenn ich daran denke, dass wir jetzt bei einem heißen Latte Macchiato in unserem gemütlichen Wintergarten sitzen und in aller Ruhe ein Buch über das Pilgern in Norwegen lesen könnten, verstehe ich nicht, was wir hier machen.« Bigis Beine machen einfach schlapp. Eine Entzündung am Schienbein meldet sich. Beim Pilgern spürst du plötzlich

Muskeln, von denen du vorher gar nicht wusstest, dass du sie überhaupt hast. Zum Glück konnten wir per Handy unseren Kleinbus rufen und meine Frau ließ es zu, für eine kurze Fahrt ins Auto zu steigen. Auch das gehört zur Freiheit der Pilger. Eine Pilgertour muss ja keine Tortur sein.

Später, in der warmen Abendsonne begrüßt uns Ingrid Meslo auf ihrer Farm mit kühlem Saft, heißem Kaffee und Waffeln, zu denen sie selbst gemachte Tyttebærmarmelade serviert. Ingrid ist barfuß und in ein flottes österreichisches Dirndl gekleidet. Sie wurde schon als junge Frau Vollwaise, übernahm den großen Hof der Eltern und verwöhnt heute die Pilger mit norwegischem Herbergsessen. Auch sie ist eine gelernte Pilgerin. Sie war schon auf dem Jakobsweg unterwegs und sagt: »Beim Pilgern kann man viel lernen. Ich werde es wieder machen.«

Elfte Lektion:
Pilgern verändert jede und jeden. Körper, Geist und
Seele brauchen immer wieder neue Herausforderungen.

Das deckt sich mit meiner eigenen Erfahrung: Beim Wandern, Joggen und Pilgern kommt man auf gute und fruchtbare Ideen. Der Kopf wird frei für Neues, Kreatives und Innovatives.

Der polyglotte Bernd gestaltet an diesem Abend, an dem zwei polnische, zwei amerikanische Pilgerinnen und ein norwegisches Filmteam zu uns gestoßen sind, unseren Gottesdienst dreisprachig. Ein internationales Fest in der Skaun-Kirche, einer der schönsten und geschichtsträchtigsten in Norwegen. Die 800 Jahre alte Kirche ist ein besonderes Juwel am Olavsweg. Sie liegt in einem wunderschönen Tal und hat teils romanische, teils gotische Elemente. Mit Blick auf diese Kirche hat die Nobelpreisträgerin Sigrid Undset ihren Roman »Kristin Lavranstochter« geschrieben.

Auf dem Weg ins Skaun-Tal hat sich Bigi, während eines langen gemeinsamen Wegs, mit einem Mitpilger angefreundet. Als ich ihr am Abend gestehe, dass ich den Stachel der Eifersucht spüre, meint sie lapidar: »Ein bisschen Eifersucht kann einer alten Liebe überhaupt nicht schaden.« Danach lacht und lacht und lacht sie. Diese Frau kann mit dem Dalai Lama um die Wette lachen. Als ich in ihre schönen braunen Augen blicke, denke ich, wie wunderbar es doch ist, nicht allein durchs Leben zu wandern. Das kommt davon, wenn Ehepaare gemeinsam pilgern. In einer 50 Jahre alten Liebe und in einer 44 Jahre alten Partnerschaft wohnt ein besonderer Zauber.

Gegenüber der Skaun-Kirche übernachten wir alle in einem Gemeindesaal. Schnarchen ist wieder angesagt, aber diesmal stört es weniger, denn die Laune nach dem tollen Abendessen ist großartig. Frauen aus der Gemeinde haben mit norwegischer Rommegrøt, Wildlachs, Schinken aus der Region, Rührei, Waffeln mit Marmelade und alkoholfreiem Bier alles überboten, was uns bisher schon gut geschmeckt hat. Es war himmlisch. Wir haben in einem Nebengebäude sogar eine Dusche mit warmem Wasser. Ein Königreich für diese Dusche!

Am nächsten Tag bringt uns Fährmann John Wanvik, ein würdiger Nachfolger der stolzen Wikinger, mit seinem Ruderboot über den 300 Meter breiten Fluss Gaula in seine Herberge Sundet Gard am jenseitigen Ufer. Bis John die 15 Pilger und das NDR-Team hinübertransportiert hat, muss er fünfmal hin- und herrudern. Er erfüllt die uralte Pflicht seines Hofes, die Pilger sicher über den Fluss zu bringen. Diese Pflicht gilt seit dem 14. Jahrhundert.

John erzählt uns, dass es früher in Norwegen ein Gesetz gab, wonach der nächstgelegene Bauernhof an einer Wasserpassage für den geregelten Fährbetrieb verantwortlich war. Dafür mussten alle Reisenden und natürlich auch die Pilger den Fährmann bezahlen. Ausgenommen davon war das Militär. Wenn aber tausend Soldaten über den Fluss gerudert werden mussten, dann war der Fährmann damit über eine Woche beschäftigt – ohne Bezahlung. »Mancher Bauer«, so John, »ist an diesem Gesetz kaputtgegangen.«

Sundet Gard ist ein großer, gut gepflegter Hof. Der Tisch ist fein gedeckt, festlich und mit Kerzen. Dazu spielt leise norwegische Musik. John und seine Frau Karon verwöhnen uns mit einer leckeren Hochzeitssuppe und eingelegten Pflaumen aus dem eigenen Garten zum Nachtisch. Man soll dem Leib etwas Gutes bieten, damit die Seele Lust hat, darin zu wohnen, wusste schon Winston Churchill.

Wir übernachten in Doppelkojen – schnarchlos. Fährmann John schläft noch immer in dem Zimmer, in dem er geboren wurde. Gelebte norwegische Tradition.

Pilgern, so lerne ich auf dieser tollen Tour allmählich, ist wie eine Art indisches Yoga. Auch dessen Ziel ist ein stressfreies, ganzheitliches Zusammenspiel von Körper, Geist und Seele. Pilgern kann – wie Yoga oder auch Joggen – den Geist zur Ruhe bringen.

Der ökologische Jesus

Das Neue Testament ist für Christen das wichtigste Buch. Aber kennen sie es auch? Es gibt auf der Welt kein anderes Buch, das so oft gekauft, aber so wenig gelesen wird. Das erklärt auch, weshalb sich Christen und Kirchen so schwer tun, den ökologischen Jesus zu entdecken.

Darüber will ich unbedingt mit Bernd reden. Ich hoffe, dass der Pilgerpastor als Outdoor-Theologe offen ist für dieses Anliegen. Bernd erkundigt sich zunächst nach der ökologischen Situation auf unserem Planeten. »An diesem Julitag des Jahres 2010, an dem wir hier miteinander pilgern«, erkläre ich ihm, »müssten in einer ökologischen Tagesschau – wenn es sie denn gäbe – diese Meldungen vorkommen: Auch heute wieder haben wir, wie an jedem Tag, 150 Tier- und Pflanzenarten ausgerottet, 50 000 Hektar

Wüste zusätzlich produziert, 86 Millionen Tonnen fruchtbaren Boden durch Erosion zerstört und 150 Millionen Tonnen Treibhausgase in die Luft geblasen. Das machen wir morgen und übermorgen, das machen wir an jedem Tag eines jeden Monats und an jedem Tag der nächsten Jahre und vielleicht sogar noch Jahrzehnte.«

Sind wir noch zu retten? Wo finden wir die Ressourcen, die es uns ermöglichen, uns zu erneuern? Wie können wir die seelischen Kräfte mobilisieren, die wir brauchen, um die industrielle Plünderungswirtschaft zu überwinden? Kann uns eine Persönlichkeit wie Jesus dabei helfen? Gibt es den ökologischen Jesus?

Wer im Angesicht der ökologischen Krise mit wachem Geist und offenem Herzen die Geschichte und die Geschichten Jesu im Neuen Testament liest, wird den ökologischen Jesus, eine jesuanische Öko-Ethik und die Jesus-Strategie zur Überwindung der ökologischen Krise entdecken.

Bernd will wissen, wie ich diese These begründe.

»Ich nenne Jesus deshalb ökologisch, weil er ein großer Naturbeobachter und ein noch größerer Naturpoet ist. Die Evangelien sind voll von ökologischen Jesus-Worten, von ökologischen Jesus-Bildern und Jesus-Geschichten. Die meisten Christen und Theologen haben aber offensichtlich vergessen, was Jesus über das Säen und Ernten, das Essen und Trinken, über Nahrung und Natur, über Wurm und Wolf, über die Vögel des Himmels und die Lilien des Feldes gesagt hat. Der ökologische Jesus bringt neue Bilder in die Welt. Seine Theologie ist Vitalogie und Ökologie im besten Sinne. Jesu Vater ist verliebt in die gesamte Schöpfung – auch in Tiere und Pflanzen, in Wasser, Luft und Erde. Zum Glück für die Menschheit war Jesus kein Theologe. Er war ein genauer Naturbeobachter.«

Da stimmt mir Bernd zu. Aber berechtigt uns das, vom »ökologischen Jesus« zu sprechen?

»Bei Jesus«, fahre ich fort, »finden wir, wenn wir nur genau hinschauen, die ethische Begründung für das Solarzeitalter. ›Unser himmlischer Vater lässt seine Sonne scheinen auf böse wie auf gute Menschen‹, sagt Jesus mitten in der Bergpredigt. Für alle also: Das bedeutet, dass es keine RWE- oder E.on-Sonne gibt, sondern nur unser aller Sonne. Urdemokratische Energie!«

Die Sonne schickt uns jeden Tag 15 000-mal so viel Energie auf die Erde wie alle Menschen zur Zeit verbrauchen. Das macht sie voraussichtlich noch rund viereinhalb Milliarden Jahre, während das Erdöl in dreißig oder vierzig Jahren zu Ende geht. Die Lösung aller Energieprobleme steht am Himmel. Mit seinem ewig gültigen Bild von der Sonne des Vaters legt Jesus den ethischen Grundstein für das Solarzeitalter. Nicht nur im Christentum, sondern in allen Religionen und Kulturen war und ist die Sonne *das* göttliche Symbol. Ohne Sonne kein Leben. Dieser Zusammenhang war unseren Vorfahren noch bewusst, wir haben ihn verdrängt. Kaum jemand ahnt, dass wir alle tot wären, wenn die Sonne nur drei Wochen nicht scheinen würde. Ohne Sonne hätten wir schon nach wenigen Wochen auf dieser Erde Minustemperaturen von 270 Grad. Und dann wäre unser wunderschöner blauer Planet nicht mehr der Garten des Universums, sondern so tot wie ein Friedhof.

Mit diesen Sonnenbildern überzeuge ich den kritischen Theologen. Wir sind uns einig. Vor 2000 Jahren hat der junge Mann aus Nazareth gelehrt, dass es dank der Schöpfung des Vaters auf dieser Erde für jedermanns Bedürfnisse reicht, nicht aber für jedermanns Habgier.

Die Basis jesuanischer Öko-Ethik ist das Vertrauen in die gute Schöpfung des Vaters. Die Kirche hat uns gelehrt, dass wir alle mit der »Erbsünde« auf diese Welt kommen. Jesus aber hat unentwegt davon gesprochen, dass wir Geliebte und Gesegnete seien. Wer die ökologischen Bilder in den Geschichten und Gleichnissen Jesu erkennt, lernt Lebenslust und Lebensfreude und wird viel Vertrauen in die Schöpfung und ihre Zukunft entwickeln. Pilgern heißt auch, den Acker der Seele frisch zu bewässern. Wenn die alten Worte Jesu neu gesät werden, dann können sie im Herzen wachsen und hundertfach Frucht tragen.

Jesus hat vor 2000 Jahren in seinen Geschichten vom Sämann und Acker, vom »Wasser des Lebens« und vom »Wunder des Wachsens« eine spirituelle Ökologie entwickelt und gelebt. In dieser Jesus-Strategie sehe ich das Überlebensprogramm für das neue Jahrtausend. Jesus war so sehr Ökologe wie Theologe – seine Ökologie ist eine Tiefenökologie, die den technischen Fortschritt mit einer zeitgemäßen Ethik verbinden und dadurch den Durchbruch zu einer ökologischen Wirtschaft schaffen könnte.

Wir sind heute wohl die erste Generation, die keinen Brutinstinkt mehr hat. Wir leben auf Kosten künftiger Generationen. Die Jesus-Strategie aber sieht Auswege selbst in scheinbar ausweglosen Situationen. Der »verlorene Sohn« wird von seinem Vater voller Freude aufgenommen. Das heißt: Umkehr und Wandel sind immer und grundsätzlich möglich. In der größten Krise liegt zugleich die größte Chance, lehrt der ökologische Jesus: »Wer Gott vertraut, dem ist alles möglich« (Mk. 9,23). Welch ein Hoffnungspotenzial für eine bessere Zukunft! Die wesentliche Wegzehrung unseres Pilgerwegs heißt: Hoffnung. Vertrauen. Liebe. Es ist das Grundsatzprogramm des wunderbaren jungen Mannes aus Nazareth.

Jesus wusste, dass wir immer nur ernten können, was wir säen. Das heißt für die heutige Landwirtschaftspolitik: Wer Chemie sät, erntet das Gift in seinen Produkten. Wer aber ökologische Landwirtschaft betreibt, dem gehört die Zukunft. Oder: Wer an einem Tag so viel Kohle, Gas und Öl verbrennt, wie die Natur in einer Million Tagen geschaffen hat, der verbrennt die Zukunft seiner Kinder.

Bernd wird immer nachdenklicher. Jesus, fahre ich fort, spricht von Blumen und Brot, vom Backen und Bauen, von der Erde und den Engeln, von Frucht und Frieden, von Gott und Gras und Geist, von Hecken und den Herden, von Leben und Licht, von Nahrung und Nattern, von

Sonne, Sand und Senfkorn, von Regen, Reben und Reifen, von Samen und vom Sauerteig, vom Sterben und von den Strömen lebendigen Wassers, von der Umkehr, vom Verstehen und Versöhnen, vom Verwüsten und vom Wachsen und Wundern, von Wein und Weiden, von der Weisheit, von der Wurzel und von der Wüste.

»Und der Jesus, der in diesen Bildern sprach, soll nicht ökologisch sein?«, frage ich meinen Gesprächspartner.

Er stimmt zu, dass wir von Jesus lernen können: Eine neue Epoche, ein Jahrtausend der Ökologie beginnt, wenn wir die Metaphysik der Religionen verbinden mit den neuen Technologien für eine bessere Umwelt. Die Geschichte der Welt nimmt einen anderen Verlauf, wenn immer mehr Menschen lernen, Sonne, Wind, Wasser und Boden als Energiequelle zu nutzen. Kriege um Öl wie den Irakkrieg können wir endlich hinter uns lassen. Das Zukunftsmotto heißt: Frieden durch die Sonne. Die erneuerbaren Energien sind wohl der größte Segen für die Menschheit in unserer Zeit. Wir haben sie zu einem Zeitpunkt entdeckt, an dem alle alten Energieträger zu Ende gehen. Wenn sich hier eine Tür schließt, eröffnet sich dort ein Fenster. Wir müssen freilich die Chance der erneuerbaren Energien rasch nutzen.

Ein tiefes Verstehen des ökologischen Jesus wird revolutionäre Folgen haben. Seine Lehre und sein Leben handeln von der Heiligkeit der Schöpfung, das heißt vom Heil-Sein und Wieder-Heilwerden der Natur. Jesus redet und handelt in der Überzeugung: Wer den Menschen Vertrauen zu sich selbst schenkt, verzehnfacht ihre Kraft und ihren Mut, ihre persönliche, gesellschaftliche, aber auch ihre politische Kraft. In der Spur des ökologischen Jesus lernen wir zu fragen: Wer soll denn überhaupt etwas ändern, wenn nicht ich? Wann, wenn nicht jetzt? Und wo, wenn nicht hier?

Im Markusevangelium sagt Jesus: »Mit der neuen Welt Gottes ist es wie mit der Saat und dem Bauern: Hat der Bauer gesät, legt er sich nachts schlafen, steht morgens wieder auf – und das viele Tage lang. Inzwischen geht die Saat auf und wächst; wie, das versteht der Bauer selber nicht. Ganz von selbst lässt der Boden die Pflanzen wachsen und Frucht bringen. Zuerst kommen die Halme, dann bilden sich die Ähren, und schließlich füllen sie sich mit Körnern. Sobald das Korn reif ist, fängt der Bauer an zu mähen; dann ist Erntezeit« (Mk. 4,26–29).

Das hier so selbstverständlich gesprochene »von selbst« ist der entscheidende Beweger aller Naturvorgänge. Dieses schöpferische Geschehen ist das Gegenteil des menschlichen Machens und Müssens. Die Sonne scheint »von selbst«, der Wind weht »von selbst«, das Wasser fließt »von selbst« und reinigt sich »von selbst« und Bäume und Pflanzen wachsen »von selbst« – wir müssen nur empfangen lernen, was die Natur uns weitgehend kostenlos zur Verfügung stellt. Sonne, Wasser und Wind schicken uns keine Rechnung. Gott selbst ist ein anderes Wort für Energie oder Ur-Kraft. Die Ur-Kraft, von der alles abhängt, ohne die das Leben nicht wäre und nicht sein könnte.

Das Mitfühlen mit allem Leben ist der Kern der jesuanischen Botschaft. Sein »Seid barmherzig« heißt: Fühlt mit dem Leben – selbstverständlich auch mit Tieren und Pflanzen. Alle Kultur ist für Jesus Erweiterung und Vertiefung des Bewusstseins für alles Leben. Ohne innere Transformation wird technischer Fortschritt nicht viel nützen. Erst wenn wir die ökologische Krise von innen verstehen, werden Umwelttechnik und Umweltethik zwei Seiten derselben Medaille.

Und nur dann – so sind Bernd und ich uns am Ende unseres langen Gesprächs einig – schaffen wir auch die Wende hin zu einem nachhaltigen Leben im Einklang mit der Natur.

»Ist das nicht alles Träumerei?«, werde ich oft gefragt. Ja, sicher. Die Zukunft gehört denen, die an ihre Träume glauben und an deren Verwirklichung arbeiten. Anfang der 1990er Jahre schrieb ich das Buch »Schilfgras statt Atom«.

Welch ein Gelächter in den Medien. Schon dieser verrückte Titel! Doch zehn Jahre später habe ich das erste Schilfgraskraftwerk für eine norddeutsche Firma eingeweiht. Die Firma Stöver in Himmelpforten ist von Erdgas als Energieträger auf Schilfgras umgestiegen und hat dadurch mindestens 80 Prozent der bisherigen Heizkosten eingespart. Heute gewinnen bereits ganze Dörfer ihre Wärme aus dieser am schnellsten wachsenden Pflanze der Welt. Im badischen Dorf Hoffenheim zum Beispiel erzeugen 700 Bewohner ihren gesamten Wärmebedarf aus einem Kraftwerk, das mit Schilfgras befeuert wird. Die Natur weiß und kann es besser als die Atomtechnologen.

Im Jahr 1997 machte ich in einer ARD-Sendung den Vorschlag, den NATO-Stützpunkt Pferdsfeld in Rheinland-Pfalz aufzugeben und dort einen Solarpark zu errichten. Wieder Kopfschütteln unter den Kollegen. 2012 durfte ich auf dem frei gewordenen Militärgelände den größten Solarpark von Rheinland-Pfalz einweihen. Er produziert jetzt Strom für über 20 000 Menschen und erspart der Umwelt jedes Jahr 17 000 Tonnen CO_2-Treibhausgase.

Im Sinne des ökologischen Jesus müssen freilich nicht alle Umweltschützer Christen, wohl aber alle Christen Umweltschützer sein. Entscheidend ist nicht nur, dass wir die Wahrheit erkennen, lehrt Jesus im Johannesevangelium, sondern vielmehr, dass wir sie tun. Seine Gegner konfrontiert er immer wieder mit dem Vorwurf: »Ihr tut ja nicht, was ihr sagt.« Nur durch unser Tun finden wir in die Spur des wunderbaren jungen Mannes aus Nazareth.

Wochen nach unserem Gespräch auf dem Olavsweg schickt mir Bernd eine Postkarte von einer Fahrradtour, die ihn mit seiner Frau nach Prag führte. Er schreibt: »Du hast recht. Wir sind mit unserem ökologischen Fortbewegungsmittel in herrlichen Landschaften auf der Spur des ökologischen Jesus. Unsere Kirchen haben von Jesus noch viel zu lernen. Er ist eine unerschöpfliche Quelle zu vielen wichtigen Themen unserer Zeit und aller Zeit.«

Am Abend dieses ereignisreichen Tages betet Bernd mit uns dieses zum ökologischen Jesus passende Gebet:

> *Gepriesen seist Du, unser Gott, Schöpfer der Welt.*
> *Du schenkst uns das Brot, die Frucht der Erde*
> *Und der menschlichen Arbeit.*
> *Lass dieses Brot für uns zum Brot des Lebens werden.*
> *Gepriesen seist Du, unser Gott, Schöpfer der Welt.*
> *Du schenkst uns die Frucht des Weinstocks,*
> *das Zeichen des Festes.*
> *Lass diesen Trank für uns zum Quell des Segens*
> *werden.*
> *Wie aus den Körnern vieler Felder das Brot*
> *Und aus den Trauben vieler Berge der Wein*
> *geworden ist,*
> *so mache aus uns eine Gemeinde,*
> *Zeichen der Hoffnung für diese Welt.*

Viele Wege führen nach Santiago de Compostela zum Grab des Heiligen Jakobus. Aus ganz Europa kommen sie. Tausende von gelben Pfeilen und Jakobsmuscheln markieren diesen »Europäischen Kulturweg«, der über Santiago hinausgeht, bis ans »Ende der Welt«: Finisterre.

In der Eglise Notre Dame de St. Jean-Pied-de-Port zünden wir eine Kerze an und sprechen ein Gebet. So reihen wir uns ein in die große Gemeinschaft der Jakobspilger aus aller Welt und wissen: es wird ein guter Weg.

Der Weg – hier in der Meseta zwischen Burgos und León – gehört dem Pilger ganz allein, wenn er nach dem »Massenstart« der anderen Jakobspilger losgeht.

Die Muschel ist das Symbol der Jakobspilger. Man trägt sie als Erkennungszeichen am Rucksack und findet sie in ganz Europa wieder; vor Herbergen, am Weg und – natürlich – in zahllosen Souvenirläden zwischen Navarra und Galicien.

Auf dem Jakobsweg trifft man Europa und die ganze Welt. Hier pilgern drei Italiener singend und Gitarre spielend durch die Meseta. Die täglichen Begegnungen mit fremden und doch gleichgesinnten Menschen gehören zu den Sternstunden auf allen Pilgerwegen.

Wir sind am Ziel des Jakobswegs angekommen: Santiago de Compostela. Die Jakobsstatue am romanischen Hauptportal Portico de la Gloria gehört zu den ausdrucksstärksten Aposteldarstellungen in Spanien und empfängt die Jakobspilger aus aller Welt.

Nach wochenlanger Wanderung werden die Pilger regelrecht ge-
blendet vom Gold des barocken Hochaltars in der Kathedrale von
Santiago. Unter diesem Altar befindet sich die Krypta mit dem
Sarkophag, in dem angeblich die Gebeine des Apostels ruhen.

Die Gestalt des Pilgers verbindet die Religionen
dieser Erde

So sieht der Satz von Notker Wolf in der Praxis aus: Der Hadsch-Pilger Achmed Saidi betet in der Wüste gen Mekka, buddhistische Pilger umrunden den heiligen Berg Kailash als Niederwerfer und ein gläubiger Hindu-Pilger hat die Gangesquellen erreicht.

Auf dem norwegischen Olavsweg gilt es immer wieder Zauntreppen zu überwinden. Der Pilgerweg führt oft mitten durch das
Weideland von Kühen und Schafen.

In Norwegen kann es auch mal regnen, der Pilger sollte vorbereitet sein. Hier pilgern Bigi Alt (links) und Renate Weyer im Regen, ohne sich davon die Laune verderben zu lassen.

Am Olavsweg gibt es traditionsreiche Pilgerherbergen, so wie Skåden Gard. Der mittelalterliche Hof wurde liebevoll restauriert und zu einer Herberge umfunktioniert. Zu Skåden Gard gehören kleine Hütten für zwei oder vier Pilger.

Auf dem Pilgerweg geht es ökumenisch zu. Hier pilgert der Katholik Franz Alt (links) zusammen mit dem evangelischen Pastor Bernd Lohse.

Wir pilgern auf dem Dovrefjell. Die unberührte Natur Norwegens und die Ausblicke über die Landschaft geben immer wieder Kraft auch für steile Wege.

Wir erleben das Glück des Ankommens: Nach einem langen Pilgerweg haben wir den Nidarosdom in Trondheim erreicht. Er ist das Grab des Heiligen König Olav.

Tanze nach dem Lied der Stille

HELFRIED WEYER

Die Norweger sind am heutigen Sonntag keine Frühaufsteher. Wir glauben, auf dem Olavsweg zu sein. Aber eine Markierung fehlt und die Bewohner des kleinen Ortes scheinen alle noch zu schlafen. Endlich erspähen wir doch einen jungen Mann, der seinen Hund ausführt und wie selbstverständlich grüßt.

»Wir sind Pilger aus Deutschland und suchen die Fortsetzung des Weges. Wir finden einfach keine Ausschilderung.«

»Ihr kommt aus Deutschland? Da muss ich euch erstmal gratulieren!« Der Mann drückt uns die Hand mit der Kraft eines echten Wikingers. »Wie ihr gestern Argentinien und ihren arroganten Maradona nach Hause geschickt habt, das war ganz toll!« Wir waren während der Fußball-WM unterwegs.

»Okay, aber das waren nicht wir, das war unsere Fußballmannschaft.«

»Hier wurden ein Stück Straße und auch der Kreisel dort hinten neu gebaut, und die Pilgermarkierung ist noch nicht angebracht. Geht bis zum Kreisel vor und dann nach rechts. Ihr findet dann bald eine Abzweigung zum Hof Ånnerud und ab da auch wieder die richtige Wegmarkierung. Und spielt weiter so, dann wird Deutschland Weltmeister!«

»Wir werden uns Mühe geben – und danke für die Auskunft.«

Wir finden die Abzweigung nach Ånnerud und laufen jetzt durch eine Wiesenlandschaft mit tausend Heckenrosen und Lupinen an den Wegrändern. Bald geht es bergauf in ein Waldstück hinein.

»Endlich der erste Schatten«, freut sich Renate. »Ich fürchte, heute wird es ähnlich heiß wie gestern.«

Hoch oben auf einer Anhöhe erblicken wir den weißen Kirchturm von Veldre. Renate meldet sich: »Zu dieser Kirche gehört auch ein Konfirmandensaal, der für Pilgerübernachtungen genutzt werden kann. Dort können wir rasten und unsere Wasserflaschen neu füllen.«

Erst nach einer weiteren Stunde stehen wir vor der Kirche, finden Tisch und Bank und auch den Konfirmandensaal. Er ist leider verschlossen und die Kirche auch, obwohl heute Sonntag ist. Geschlossene Kirchen empfinden wir wie Gotteslästerung. Es gibt heißen Kaffee aus der Thermoskanne und dazu belegte Brote aus der letzten Herberge. Dann biegt der Olavsweg in den sogenannten Priesterweg ein, auf dem die Pastoren früher durch den Wald zur Nachbargemeinde gefahren sind. Dass ein Pfarrer mehrere Gemeinden gleichzeitig zu versorgen hat, ist also nicht nur ein Phänomen unserer Tage. Für den Fotografen gibt es Rapsfelder mit weißen Sommerwölkchen darüber und für Renate eine Hand voll frische Walderdbeeren.

Im kleinen Dorf Rudshøgda treffen wir eine fröhliche Männerrunde auf einer Terrasse sitzend, trinkend und schwatzend. Renate geht auf das Grundstück und fragt nach Trinkwasser für unsere Flasche. Dabei erzählt sie, dass wir aus Deutschland kommen und nach Nidaros pilgern.

»Aus Deutschland? Da gratulieren wir zum Spiel gestern Abend. Und weil ihr so gut wart, werden wir das Wasser mit ein wenig Wodka veredeln!«

»Wir waren nicht gut, das war unsere Mannschaft. Und bitte lasst das Wasser unveredelt. Trinkt den guten Wodka auf das Wohl unserer Fußballer, die werden es für die nächste Runde nötig haben.«

Die Herzlichkeit der Norweger einem fremden Pilger gegenüber ist umwerfend und erfrischend. Am liebsten wären wir mit der Runde sitzen geblieben. Aber die Sonne steigt, und da erscheint uns auch der kleinste Schluck Wodka unangebracht.

Es folgen Waldpartien mit unzähligen Blumenwiesen –

mit einem ersten Blick auf die berühmte Ringsaker-Kirche, die den katholischsten Altar im protestantischen Norwegen beherbergt.

Die letzten drei Kilometer führen über eine Asphaltstraße, die anscheinend jeden Sonnenstrahl aufgesogen hat und jetzt von unten die Tageshitze abstrahlt. Unmittelbar vor der Kirche biegen wir nach rechts ab zur Pilgerpension von Randi Nordby. Die freundliche Frau erwartet uns bereits. Randi freut sich über die Anerkennung des neuen Pilgerweges durch den Europarat und hofft, dass sich ihre Herberge bald auszahlen wird. Wir sind heute allerdings die einzigen Gäste bei ihr – und solange das so ist, hat die Wirtin noch viel Zeit für persönliche Gespräche. Wir schätzen das. Bei Randi Nordby bewohnen wir ein Doppelzimmer, einen gemütlichen Wohnraum – ausgestattet mit vielen guten Büchern von Snorri bis Shakespeare –, eine eigene Küche und natürlich ein Bad. Was für ein Luxus während einer Pilgerreise!

An unserem dritten Wandertag zeigt die ausgedruckte Karte ein beängstigend steiles Höhenprofil, das bis auf 400 Meter hinaufklettert. Aber in Wahrheit ist die Steigung nicht extrem, sie führt in weiten Serpentinen ganz erträglich einen Hang hinauf nach Lundehagen. Von dort haben wir eine herrliche Aussicht hinunter auf den Mjøsa-See.

Heute hat sich der Himmel zugezogen. Das ist nicht so schön für den Fotografen, aber angenehm für den Pilger. Oben auf dem Scheitelpunkt des Berghanges angekommen, packen wir erstmals während unserer Pilgerwanderung Überjacken aus dem Rucksack. 400 Meter über dem See ist es richtig kühl. Der Schotterweg zieht sich durch einen Wald dahin, mal leicht bergab und dann gleich wieder bergauf, aber ohne nennenswerte Höhepunkte. Die gibt es erst am Nachmittag, unmittelbar hinter einer Rechtskurve vor Brøttum. Da liegt der malerische Ort mit seiner kleinen weißen Kirche wie ein Spielzeugdorf unter uns. Irgendwo über den bunten Häusern, mitten im Wald, muss unser heutiges Tagesziel sein – die Pilgerherberge Johannesgården.

Bis dort ist es aber noch eine Stunde Weg. Endlich – wir sind von der Länge der Schotterstraße richtig geschlaucht – stehen wir vor dem Gästehaus und werden von Karen begrüßt.

Wir glaubten zunächst, dass Johannesgården wie ein Kloster durch eine Mönchsgemeinschaft geführt wird. Das ist aber nicht so. Karen leitet das schöne Haus mit zwei weiteren Frauen, die als christliche, schwesterliche Gemeinschaft zusammenleben, aber keinem Orden angehören. Sie bieten nicht nur Betten für Pilger an, sondern auch Freizeiten zur Besinnung und zur Meditation.

Drei norwegische Gäste führen hier gerade eine Freizeit durch, und wir Pilger werden sofort integriert. Das Abendessen nehmen wir schweigend ein. Leise Gitarrenmusik erklingt, und Karen serviert ein leckeres Fischgericht. Dazu gibt es kaltes Zitronenwasser. Neben der Herberge steht ein altes Stabbur aus dunklem Holz, das als Kapelle eingerichtet ist. Karen lädt uns nach dem Essen zur Abendandacht ein und hat Taizé-Lieder ausgewählt, die wir durchaus mitsingen können. Dazu hat sie Bibeltexte in deutscher Sprache ausgedruckt, die heute in Taizé als Tageslosung gelesen werden. Ein Glöckchen ruft uns in die durch Kerzen schummrig erleuchtete Kapelle.

Wir beten gemeinsam das Vaterunser, jeder in seiner Sprache, und dann folgen drei Schweigeminuten.

Was für ein schöner Tagesausklang nach einem anstrengenden Pilgertag an so einem großartigen Ort – und das alles ohne Grenzen zwischen unterschiedlichen Nationen und Konfessionen. Warum nur wird diese ökumenische Praxis nicht Selbstverständlichkeit unter Christen?

Die Wolken haben sich verzogen, die späte Abendsonne taucht Johannesgården in goldenes Licht. Renate und ich wandern hinunter zum kleinen Teich, in dem sich unsere Herberge zur Nachtzeit spiegelt. Richtig dunkel wird es Anfang Juli in dieser Region Norwegens gar nicht. Die Sonne geht gegen 23 Uhr unter und gegen 5 Uhr früh schon wieder auf. An dem Teich steht eine Bank. Dort blättere ich, fasziniert von diesem einzigartigen Ort und dem intensiven Licht zu so später Stunde, in einem Büchlein, das uns Pastor Bernd Lohse als geistlichen Begleiter für die Pilgerreise mit auf den Weg gegeben hat. Vor der letzten Seite steckt ein Zettel in einer Plastiklasche. Ich ziehe ihn in Gedanken versunken – und auch etwas neugierig geworden – heraus und finde einen angegilbten Text von Anselm Grün:

> *Tanze nach dem Lied der Stille. Wir brauchen die Stille, um mit dem Glück in Berührung zu kommen, das auf dem Grund unseres Herzens in uns ruht. Wenn wir immer nur in Bewegung sind, werden wir es in uns nicht spüren. Es ist wie ein See. Nur wenn er ganz ruhig ist, spiegelt sich in ihm die Schönheit der Welt. Nur wenn wir stille stehen, spiegelt sich in uns die Herrlichkeit, die uns umgibt. Dann spüren wir die Freude, die uns umgibt.*

Kann ein Text passender sein für diesen Augenblick?

Hinter unserer Bank erklingt zaghaftes Glockengeläut. Es stammt von drei Schafen, die Karen gehören und die sich bestimmt wundern, wer hier noch so spät unterwegs ist – auf ihrem Weideland.

Pilgern gegen den Wind

Während Renate und ich von Hamar bis nach Dovre alleine gelaufen sind, haben wir uns im zweiten Teil der Reise der Pilgergruppe unter Pastor Bernd Lohse angeschlossen. Zu dieser Gruppe gehören auch unsere langjährigen Freunde Bigi und Franz Alt.

Nach unserem ersten gemeinsamen Pilgertag übernachten wir auf dem höchstgelegenen Hof Norwegens bei Christiane und Laurits Fokstugu. Das war wirklich ein bemerkenswerter Tag, und Christiane erzählt uns, dass es der erste richtige Sonnentag in diesem Jahr gewesen sei.

»Logisch«, bemerkt Bigi, »wenn Franz Geburtstag hat, scheint immer die Sonne.«

Wir hocken in dem gemütlichen Wohnzimmer mit den alten Möbeln und wollen noch nicht ins Bett. Spät am Abend tauchen noch zwei junge Pilgerinnen aus den USA auf, Lori und Julie. Dass alle Betten durch unsere Gruppe belegt sind, hat die beiden Amerikanerinnen nicht weiter gestört, sie schlafen draußen im eigenen Zelt.

Am nächsten Morgen scheint der Sommer wieder vergessen zu sein. Um sechs Uhr früh jagen dunkle Wolken über das Fjell und treiben heftige Regenschauer vor sich her. Wir verzögern unser Frühstück in der Hoffnung auf Wetterbesserung. Zunächst möchte man keinen Hund vor die Tür schicken. Nur Christiane ist schon auf dem Weg zu ihren Schafen – regensicher verpackt. Jörg, unser Kameramann vom NDR, kommt strahlend mit einem aktuellen lokalen Wetterbericht: »Bis neun Uhr ist hier der Regen durch, und dann werden erste Sonnenstrahlen erwartet.«

Diese Nachricht tut richtig gut und beflügelt unseren Aufbruch auf das windige Fjell. Der Himmel klart zusehends auf, und die Bergwelt im Nordwesten wird immer imposanter und dramatischer. Vorne sind Bernd und Bigi so sehr in ein Gespräch vertieft, dass sie später eine Abzweigung nach links übersehen werden. Renate diskutiert mit Ludwig über Ökumene und signalisiert mir, dass sie nicht gestört werden möchte. Deshalb machen Franz und ich – wie so oft – den Schluss. Das steht uns auch altersmäßig zu, denn Franz wurde gestern 72 Jahre alt, und ich bin gerade mal ein Jahr jünger. Und schon kommen wir ins Philosophieren:

»Franz, du hast viele Bücher verkauft und keine finanziellen Sorgen mehr, und auch wir haben mit kleinen Auflagen unser gutes Auskommen. Müssen wir da nicht irgendwann ein schlechtes Gewissen bekommen, wenn wir das ganze Elend um uns herum sehen und täglich am Bildschirm live miterleben können?«

Franz muss nicht lange nachdenken: »Ich glaube, wenn es

einem Menschen gut geht und er gesund ist, dann hat er die verdammte Pflicht, Verantwortung zu übernehmen und Dinge anzustoßen, die für unser aller Miteinander wichtig sind. Wir beide haben uns um Tibet gekümmert und tun es immer noch. Wir haben Millionen Menschen auf die Klimakatastrophe aufmerksam gemacht und tun das immer noch. Ihr habt mit euren Bildern Hunderttausenden Menschen gezeigt, dass es nicht nur Elend in dieser Welt gibt, sondern, dass unser Planet lebenswert ist und dass wir alle für seinen Erhalt kämpfen müssen. Nein, wir brauchen kein schlechtes Gewissen zu haben, solange wir uns engagieren und einbringen, ganz gleich auf welchem Feld. Schau dir Bernd Lohse an, er bringt Kirche und Glauben endlich raus aus den Städten und rein in die Natur. Unsere Kirche schließt sich in Mauern ein. Selbst von Schamanen können wir lernen, die reden seit Jahrtausenden mit Steinen und Bäumen. Bernd macht wirklich einen Superjob und bricht längst überfällige Strukturen auf. Er schickt die Menschen auf Pilgerwege, wo sie lachen und schimpfen, weinen und beten. Und das ist gut so!«

Inzwischen hat Bernd seinen Fehler erkannt und kommt zurück. Gut, dass Franz und ich so weit hinterhergebummelt sind, deshalb wird für uns der Rückweg zur verpassten Abzweigung kürzer.

Franz setzt unser Gespräch fort:

»Und eines ist uns doch allen ganz schnell klar geworden: Der Mensch braucht herzlich wenig, um zufrieden zu sein. Sind wir nicht alle glücklich, wenn es trocken bleibt, wenn wir ein warmes Bett vorfinden und im Windschutz eines Erdloches ein Käsebrot in den Mund schieben können? Schmeckt dieses norwegische Quellwasser nicht mindestens ebenso frisch wie Champagner aus dem Kühlschrank? Wenn die Welt doch endlich begreifen würde, dass dieser wahnsinnige Wachstumsglaube nur in die Irre führt. Wir leisten uns alle ein völlig unverantwortliches Luxusleben auf Kosten unserer Enkel und Urenkel. Die werden uns verfluchen – und das mit Recht.«

Unsere Mittagspause wird richtig komfortabel. Gestern hockten wir in einem Erdloch, heute sitzen wir an sauberen Holztischen der kleinen Hüttenansiedlung Furuhaugli, lassen uns heißen Kaffee und eisgekühlte Cola servieren. Noch schöner empfinde ich die Nachmittagsrast am blauen See Avsjøen. Dort erfrischen wir unsere müden Füße im Wasser und lassen die Seele baumeln. Unser heutiges Nachtquartier sind die Hütten von Hageseter. Der Weg dorthin führt immer wieder über lange Bohlenstege, die man ins Moor gelegt hat. Auf diesen sumpfigen Wegabschnitten legte man schon im Mittelalter recht stabile Knüppeldämme an, über die sogar Kutschen fahren konnten. Der Weg führt weiter durch kleine Birkenwäldchen und über das märchenhaft bemooste Plateau. Die Wegmarken hier oben sind kunstvoll verwittert.

Die Eystein-Kyrka ist ein guter Platz für eine frühe Mittagsrast. Wir ziehen fröhlich singend in das kleine Gotteshaus am Weg und freuen uns über unseren grünen Minibus auf dem Parkplatz. Es gibt heißen Kaffee und dazu Brote mit Wurst und Käse.

Vor unserem heutigen Tagesziel Kongsvold liegen noch zwei Fjellanstiege, ein recht langer und steiler und ein weiterer, der bei einer Rückschau auf die letzten Tage eher harmlos erscheint. Kongsvold, der alte Königshof, ist im Grunde ein Luxushotel, das zum norwegischen Kulturerbe gehört, aber auch Pilger bekommen hier einen Schlafplatz. Uns stehen zwei Hütten für die Übernachtung zur Verfügung. Aus der Einteilung halten wir uns immer heraus, sind aber doch froh, dass Bernd die beiden Ehepaare in eine Hütte – Jahrgang 1860! – schickt und den Rest der Gruppe in die andere.

Zur Abendandacht treffen wir uns alle in einem der Hotelräume. Anschließend spricht Bernd ein paar warnende Worte: »Die morgige Etappe wird lang und steil und am Ende des Tages erwartet uns eine besonders spartanische Unterkunft. Geht besonders vorsichtig, denn der Weg, der historische Vårstigen, ist nicht ganz ungefährlich. Da ragen rechts von euch senkrechte Felswände in den Himmel, und links liegen Abgründe. Einziger Trost sind die Bäume am Abhang, die euch bei einem Sturz auffangen.«

Nach dieser Ansage gibt es unruhige Schläfer, die sich vor dem berüchtigten Vårstigen fürchten. Ich bin vor allem gespannt und freue mich auf diesen historischen Weg. Der Vårstigen wurde schon seit dem 12. Jahrhundert als Pilgerweg benutzt.

Während der ersten Rast fragt Renate: »Sag mal, Bernd, wann etwa werden wir die schmale, gefährliche Passage erreichen?«

Lachend antwortet Bernd: »Da sind wir längst vorbei, die Passage haben wir eine halbe Stunde nach unserem Einstieg passiert.«

Niemand hat dieses Wegstück wirklich für bedrohlich gehalten, und deshalb sehen alle dem weiteren Weg beruhigt entgegen. Trotzdem fürchtet Renate das scharfe Tempo der Gruppe bei dem steilen Anstieg und meldet sich bei Bernd ab: »Bitte lass mich alleine vorgehen, dann musst du auf meine Langsamkeit keine Rücksicht nehmen. Oben angekommen werde ich auf euch warten.«

»Ist schon in Ordnung, geh nur und warte, wenn du aus dem Wald herauskommst.«

Wir rasten noch eine Viertelstunde lang und folgen dann Renate. Die wartet auf der Höhe und hat eine neue Erfahrung gemacht: »Es war schön, alleine zu gehen. Ich habe immer gedacht, dass ich zu langsam laufe, und weiß jetzt; das stimmt gar nicht. Denn ich warte hier seit etwa 15 Minuten, und genauso lang war ja auch mein Vorsprung. Ich brauche also nur meinen eigenen Rhythmus. Und ich habe noch etwas herausgefunden; ich muss meine Pausen selbst bestimmen können, den Ort und auch die Länge. Das konnte ich beim Alleingehen wunderbar tun. An jedem Wasserfall habe ich angehalten, geschaut und gebetet. Und die schönen Wasserfälle wurden vor meinen Augen zu Altären.«

Von der Höhe gibt es einen atemberaubenden Ausblick

in den engen Canyon der Driva tief unter uns. Dieser Canyon ist schuld an dem steilen Ausweichen des Vårstigen. Die gewaltigen Schmelzwasser unten in der Schlucht machten früher nach der Schneeschmelze ein Durchkommen neben dem reißenden Gebirgsfluss unmöglich.

Am Nachmittag verdichten sich die Wolken, und erste Schauer veranlassen uns, die Regenkleidung aus den Rucksäcken zu holen. Der Weg ist nicht so schwer, wie von Bernd angekündigt, aber dafür endlos lang. Oben auf dem Fjell finden wir eine breite Spur vor. Wir können bequem nebeneinander laufen, und das fördert immer gute Gespräche.

Relativ spät erreichen wir die Schutzhütte Ryphusan mit nur einem Raum, in dem zwölf Matratzen auf Bänken liegen. Bemerkenswert ist das neu gebaute Toilettenhäuschen hinter der Hütte, die an der Vorderfront stolz einen Stern trägt. In der Toilette befindet sich ein Doppelsitz für zwei Personen. Das ist auf dem Olavsweg einmalig.

Aus den Nachmittagsschauern ist inzwischen Dauerregen geworden. Wir bereiten das Abendessen vor, da wird die Tür aufgestoßen und zwei triefend nasse Norweger betreten den Raum. Sie sind unterwegs, um einen Film über den Olavsweg für das hiesige Fernsehen zu drehen, und finden in unserer kleinen Hütte auch noch Platz. Beim gemeinsamen Abendessen wird die Tür erneut geöffnet. Jetzt stolpern die amerikanischen Frauen herein und sehen erschrocken, dass die deutsche Gruppe wieder alle Matratzen belegt hat – genau wie schon vor drei Tagen in Fokstugu.

»Müssen wir unser Zelt aufbauen – bei diesem Sauwetter?«

»Müsst ihr nicht«, entscheidet Bernd. »Wir werden auf den Matratzen zusammenrücken und ihr kriecht einfach dazwischen.«

Eine halbe Stunde später treten noch zwei norwegische Pilger – richtig aufgeweicht – zu uns und fragen nach einem Schlafplatz. Wir rücken noch einmal zusammen, und Bernd Lohse hält an diesem Abend seine Andacht in deutscher, englischer und norwegischer Sprache. So ist der Olavsweg!

Begegnungen auf dem Jakobsweg

HELFRIED WEYER

Den wohl bekanntesten der europäischen Pilgerwege, den Jakobsweg, wandere ich gemeinsam mit Renate. Im Gegensatz zum Olavsweg gehen wir nicht in einer Gruppe – und dennoch fühlten wir uns eingefügt in eine große internationale Pilgergemeinschaft. Von Beginn an begegnen uns zahlreiche Menschen, die im Laufe des Wegs zu Freunden werden.

Der Weg aus den Pyrenäen heraus führt durch baskische Bilderbuchdörfer und allerschönste Buchenwälder. Der Ruf des Kuckucks wird zu unserem ständigen Begleiter. Kurz vor Zubiri kommt uns ein französischer Baske in völlig abgerissener Kleidung und total zerlumpten Schuhen *entgegen* – was wirklich selten ist. Der Mann ist über 60 Jahre alt und von Frankreich bis Finisterre gelaufen, jetzt befindet er sich auf dem Rückweg – nach über 2000 Pilgerkilometern. Stolz zeigt uns der Mann seine Pilgerurkunde, die Compostela. Er trägt sie in Plastikfolie gewickelt am Gürtel.

Später überholt uns Robert aus Salzburg. An seinem langen Wanderstab flattert eine weiße tibetische Gebetsfahne.

»Wir dürfen nicht aufhören, an Tibet und seine Menschenrechte verachtende Besetzung durch China zu erinnern. Das tue ich auch hier auf dem Camino, deshalb trage ich die Gebetsfahne bis nach Santiago.«

Robert erzählt uns, dass er seit zwei Monaten zu Fuß unterwegs ist. Mitten im Winter ist er in Österreich losmarschiert.

»Ein anderer Pilger ist am gleichen Tag in Nürnberg losgelaufen, ein Priester aus Peru. Juan heißt er. Unsere Wege haben sich schon mehrfach gekreuzt, ihr werdet ihn sicher treffen. Ich hab' Juan von Tibet erzählt und er mir von dem großen Elend in Peru.«

Von Robert hören wir auch, dass am ersten Mai in Saint-Jean-Pied-de-Port 360 (!) Pilger aufgebrochen sind. Das erklärt den momentanen Bettenstau. Robert selbst stört das nicht, er schläft meistens unter freiem Himmel.

Wir laufen einige Meilen zusammmen mit Robert. Der ist jung und kräftig und erkennt schnell unsere »Entdeckung der Langsamkeit«. Lachend verabschiedet sich der Österreicher mit einem »*Buen Camino*, war schön, mit euch zu laufen« und verschwindet vor uns im Wald.

Ein Grund für die Faszination des Jakobsweges ist dieser ungewöhnliche Rhythmus; du läufst stundenlang durch wunderschöne Landschaften aus Bergen, Wiesen und wilden Blumenrabatten am Wegesrand, erholst dich an einem Brunnen mit frischem Quellwasser oder in einer Bar beim Milchkaffee. Du triffst ständig wildfremde Menschen, mit denen sich interessante Gespräche führen lassen – wenn dir danach ist. Dann wieder hältst du in einem stillen, schönen Kreuzgang inne, bist mit Maria und ihrem Kind alleine und wirst nebenbei mit Geschichte konfrontiert, die sich oft zwischen Legende und Wahrheit bewegt.

Du kannst alleine weiterlaufen – oder mit neu gewonnenen Freunden. Du kannst träumen und nachdenken – oder deine Gedanken und Phantasien mit Gleichgesinnten teilen. Man läuft und erlebt diesen Weg auf zwei grundverschiedenen Ebenen: In der ersten bewegt man sich den ganzen Tag, und in der zweiten findet man Ruhe, kann die Gedanken ordnen und in der Stille meditieren. Eine schönere Auszeit ist in unserer immer hektischer werdenden Welt kaum denkbar.

Gleich hinter Pamplona weichen die schattigen Buchenwälder weiten, sonnendurchfluteten Heidelandschaften, durch die es steil bergan geht, hinauf zum Alto Perdón mit seinen vielen knarrenden Windrädern. Der Pfad wird schmal, ist aber durch unzählige gelbe Pfeile und Steine mit genauen Kilometerangaben gut markiert.

Renate geht wenige Schritte vor mir, meine Gedanken sind beim regelmäßigen Aufsetzen des Wanderstocks: tack – tack – tack!

Sind es jeweils 80 oder 100 Zentimeter, die uns jeder Schritt und jedes neue tack – tack vorwärts bringt? Bei diesen völlig unwichtigen »Berechnungen« – der Weg wird dadurch ja nicht kürzer – merke ich zunächst gar nicht, dass Renate plötzlich schneller wird und sich unser Abstand zusehends vergrößert. Oben angekommen, finde ich Renate schon im Schatten kühles Wasser trinken.

»Ich habe einen Rosenkranz gebetet und gar nicht gemerkt, dass meine Füße dabei immer schneller wurden«, sagt sie entschuldigend.

»Rosenkranzbeten, das erscheint mir wie Doping auf dem Jakobsweg. Da können wir Protestanten leider nicht mithalten.«

Von hier oben ist der Weiterweg bis Puente la Reina gut einsehbar, und Auf- sowie Abstieg vom Alto Perdón empfinden wir als nicht so steil und anstrengend, wie allzu oft beschrieben. Nein, das ist angenehmes und leichtes Laufen durch schönstes spanisches Mittelalter.

Eigentlich wollten wir an diesem Tag bis zur berühmten Brücke Puente la Reina marschieren, aber wir ahnen schon, dass dort alle Herbergen und Hostals voll sein werden. In Puente la Reina vereinigen sich mehrere Jakobsrouten zu nur noch einem Weg nach Santiago. Außerdem sind wir spät dran, das ständige Fotografieren unterstützt unsere Langsamkeit.

Aus diesem Grund schauen wir uns im letzten Ort vor dem angestrebten Ziel, in Obanos, ein wenig um. Der Ort ist sympathisch; neue Häuser, neues Straßenpflaster und neue Laternen.

»Hier sieht man das viele Geld aus Brüssel, das in den ersten europäischen Kulturweg geflossen ist«, bemerkt Renate.

Auf einer steinernen Bank sitzt eine spanische Oma und beobachtet uns. Sie hat richtig geschaut, steht auf und kommt auf uns zu. »Ihr sucht ein Zimmer für die Nacht? Ich kann euch helfen. Ich muss nur meine Schwester suchen, die wird euch ein Zimmer zeigen – ganz neu und wunderschön.«

Wir folgen der alten Dame in einen nahen Neubau. Die Schwester ist gefunden, das Zimmer kann geöffnet werden, wir sind zufrieden.

»Um 19 Uhr – oder etwas später – müsst ihr in die Bar gehen, zwei Blocks weiter. Da gibt es das beste Pilgermenu in diesem Ort.«

Die Oma und ihre Hilfsdienste sind perfekt. Die uns empfohlene Bar sieht gar nicht nach einem Restaurant aus. Der volle Raum ist verraucht, Spanier trinken hier ihren Wein, grüßen und zeigen auf die hintere Ecke. Dort ist ein langer Tisch eingedeckt, und einige Pilger sitzen auch schon da. Wir grüßen mit *Buen Camino*, quetschen uns in die Reihe und erkennen, dass die Gäste – wie gewohnt – aus aller Herren Länder kommen und viele unterschiedliche Sprachen sprechen: deutsch, holländisch, spanisch, französisch, englisch und koreanisch. Neben uns sitzt ein Mann aus Franken.

»Bei mir zu Hause waren alle Freunde entsetzt, dass ich ganz alleine auf den Jakobsweg gehe. Aber ich war hier noch nie alleine, sondern immer in schönster Gesellschaft. Wenn die daheim wüssten, wie gemütlich solche internationalen Runden sind!«

Gegenüber sitzt ein junger Mann mit schwarzem Haar und vollem Bart. Er ist auch alleine unterwegs und kann interessant erzählen – von seiner Heimat Peru.

»Du heißt Juan und bist Priester?«

Der Mann ist über meine Bemerkung kaum verwundert und fragt fast beiläufig, woher ich das weiß.

»Robert hat uns von dir erzählt.«

Juan lacht: »Robert ist ein interessanter Bursche, der schon zum zweiten Mal über den Jakobsweg läuft. Er weiß alles über Tibet. Wo habt ihr ihn getroffen?«

»Robert müsste vor uns sein, ein oder sogar zwei Tagesetappen.«

»Dann werden wir ihn wieder treffen. Robert läuft an einigen Tagen 30 bis 40 Kilometer und dann plötzlich nur fünf oder noch weniger, weil es ihm an einem Ort so gut gefällt.«

»Sag mal, was macht ein Priester aus Peru so weit weg von seiner Heimat?«

»Ich arbeite zurzeit in Nürnberg. Mit deutschen Straßenkindern. Und von Nürnberg ist es nicht so weit bis zum Jakobsweg, den ich schon immer mal laufen wollte. Ich bin nur 50 Tage lang marschiert und war schon hier.«

»Mit Straßenkindern? Gibt es die auch bei uns im reichen Deutschland?«

»Mehr als die meisten Menschen ahnen, und sie brauchen wirklich Hilfe.«

Unser Essen wird gebracht, und die Pilger stürzen sich auf ihre vollen Teller. Laufen an frischer Luft macht hungrig.

Wir finden einen guten Draht zu Juan und sitzen nach dem köstlichen Mahl alleine beim letzten Glas Wein am langen Tisch. Alle anderen Pilger sind fort, und der Wirt gibt uns zu erkennen, dass er endlich Feierabend haben möchte. Also verlassen wir die Bar und bummeln mit einer weiteren Flasche Wein zurück zu unserer Herberge.

Pater Juan ist 34 Jahre alt und gehört der Glaubensgemeinschaft Comboni-Missionare an. Sein Arbeitsfeld ist die Armut in aller Welt, speziell das Problem der Straßenkinder. Juan ist zusammen mit sieben Geschwistern in einem winzigen Dorf im Norden Perus aufgewachsen und hat seit dem achten Lebensjahr nach der Schule als Schuhputzer und Zeitungsverkäufer gearbeitet.

»Wir haben oft abends nicht gewusst, was wir am nächsten Tag essen würden, meine Familie lebte tatsächlich von der Hand in den Mund«, erinnert sich Juan.

»Glauben ist in Peru Alltag«, fährt er fort. »Das ist nicht

so wie bei euch hier in Europa; eine Stunde in der Woche Glauben beim Sonntagsgottesdienst – und fertig. Wir vertrauen ganz darauf, dass Gott uns immer und überall begleitet. Nicht zuletzt fühle ich mich hier auf dem Jakobsweg so wohl, weil hier jeden Tag 24 Stunden lang Gottesdienst ist. Das erlebst du in vielen Gesprächen, in den kleinen und großen Kirchen und auch beim Träumen unterwegs – zwischen den Wäldern, Blumen und Weinbergen.«

Seit acht Jahren lebt Juan in Europa. In Innsbruck studierte er Theologie und arbeitete in einer Notschlafstelle für Obdachlose. Seit vier Jahren ist er in Nürnbergs Straßen unterwegs.

»Und woher nimmst du die Kraft für diesen knüppelharten Job mitten in einer Konsumgesellschaft?«

»Nicht zuletzt aus der Bergpredigt. Wir müssen unseren Mitmenschen immer das Gefühl geben: Du bist nicht alleine, es ist mir nicht egal, wie es dir geht. All diese gestrandeten Menschen sind dir ewig dankbar, wenn du ihnen einfach nur zuhörst. Das hab' ich gelernt.«

»Und nach dem Jakobsweg?«

»Vielleicht bleibe ich in Nürnberg, oder ich gehe in den Sudan. Den Menschen geht es dort noch viel schlechter als in den Slums von Peru. Der permanente Bürgerkrieg kommt ja dazu. Das Elend und die Armut können wir uns hier in Europa überhaupt nicht vorstellen. Was glaubt ihr wohl, warum halb Afrika auf der Flucht nach Norden ist!«

Am nächsten Morgen führt uns der Jakobsweg durch sattgrüne Weinberge über rote Erde weiter nach Cirauqui. Einer Fata Morgana in der Morgensonne gleich, wird Cirauqui für uns zum Inbegriff mittelalterlicher Ortschaften am Weg. Der Ort liegt auf einem Hügel, und vom höchsten Punkt grüßt die Kirche aus dem 13. Jahrhundert. Ein Abstecher hinauf durch enge und steil ansteigende Gassen lohnt den Schweiß, schon wegen des großartigen Figurenportals am Eingang.

Beim Weiterlaufen glauben wir plötzlich, einen Jodler zu

hören. Wir drehen uns neugierig um – und erkennen Juan eine halbe Meile hinter uns.

»Ich hab' bis Mittag geschlafen, niemand hat mich aus dem Bett geworfen!« Obwohl Juan normalerweise viel schneller geht als wir, pilgern wir heute Nachmittag viele Meilen gemeinsam und plaudern über Gott und die Welt. Irgendwann verabschiedet sich der Priester aus Peru und läuft sein schnelles Tempo weiter, vielleicht möchte er Robert einholen. Wir haben einen neuen Freund gewonnen. So ist der Camino.

Stille im Kloster

Der Jakobsweg ist auch ein Weg der historischen Brücken. Einsiedler, Mönche und Ritter haben sie vor hunderten von Jahren für die Pilger gebaut. Die römische Puente de Órbigo ist die längste Brücke am Camino. Sie überspannt den gleichnamigen Rio in Hospital de Órbigo auf 20 steinernen Bögen.

Der Weg nach Astorga führt durch winzige Dörfer, in denen die Bewohner gefüllte Wasserflaschen für die Pilger vor ihre ärmlichen Häuser stellen. Dann geht es wieder bergan, hinauf zu Weinbergen.

Oben taucht eine besonders bunte Gruppe auf und begrüßt uns mit lautem Hallo. Die Pilger kommen aus Kanada und Guatemala. Wir kennen uns schon länger, deshalb gibt es viel zu erzählen.

»Habt ihr auch Robert aus Salzburg getroffen und Juan aus Peru? Wie findet ihr Tina aus Kanada?«

Die Welt des Jakobsweges ist gar nicht so groß.

Eine Stunde später stehen wir vor einem Pilgerkreuz und sehen am Horizont die Montes de León. Die gewaltige Bergkette müssen wir in den nächsten Tagen überqueren. Unten im Tal liegt Astorga mit seiner Kathedrale, die in der Morgensonne an ein Märchenschloss erinnert.

Der Nachmittag führt uns durch Wald und Heide hinauf

bis Rabanal del Camino. Dort finden wir ein bequemes Lager im 40-Betten-Zimmer der Pilgerherberge mit dem alten Holzkarren voller blühender Blumen im Innenhof. Auf diesem Holzkarren liegt ein grüner Zettel mit der Einladung in ein Kloster, das in Rabanal von zwei Benediktinermönchen geführt wird. Auf dem unscheinbaren Zettel lesen wir:

Wenn du Zeit hast und eine kleine Unterbrechung auf dem Camino machen möchtest, laden wir dich in unser Kloster ein. Hier kannst du ausruhen, meditieren, schweigen, lesen und auch reden. Die Pilgerfahrt wird nicht nur zu Fuß gelaufen, sondern auch, um Gott zu entdecken.

Auf der nächsten Etappe, das wissen wir, geht es hoch hinauf in die Berge. Da erscheinen uns zwei Ruhetage willkommen. Wir nehmen die Einladung an und ziehen schon am folgenden Morgen um, von der Herberge in das nahe Kloster.

Die beiden Patres Juan Antonio und José Carlos begrüßen uns herzlich und erklären die strengen Klosterregeln.

Der Tag beginnt um 7.30 Uhr mit der Laudes in der Klosterkirche. Anschließend frühstücken wir alleine, das heißt ohne die Mönche. Um 9.00 Uhr folgt die Feier der Eucharistie in der Klosterkirche. Beim Mittagessen mit den Mönchen, das wir schweigend einnehmen, wird zehn Minuten lang aus der Geschichte und den Ordensregeln der Benediktiner vorgelesen. Dann erklingt klassische Musik.

Die beiden Mönche kochen wochenweise im Wechsel. Heute gibt es Kichererbsensuppe, danach einen Teller Rindfleisch. Das ist *Cosido de garbanzos*, ein spanisches Nationalgericht, das in vielen Variationen zubereitet werden kann. Zum Essen wird Rotwein gereicht und zum Nachtisch serviert Pater José Carlos frische Kirschen.

»Die habe ich heute früh auf dem Markt in Astorga gefunden, sind sie nicht köstlich?«

Beide Mönche vertilgen so große Mengen von den Kirschen, dass wir schmunzeln müssen.

Der Speiseraum im Kloster ist schlicht. An der Stirnseite, an der jeweils der Pater sitzt, der nicht kochen und servieren muss, hängt eine Ikone aus dem 12. Jahrhundert. Um 19.00 Uhr treffen wir uns zur Vesper in der Kirche und danken für den schönen Tag. Die Vesper wird in gregorianischer Tradition in lateinischer Sprache gesungen. Das ist sehr eindrucksvoll.

Anschließend folgt das gemeinsame Abendessen. Es gibt eine kräftige Gemüsesuppe und danach Empanadas mit scharfem Piementos-Püree und köstlichen Aprikosen zum Nachtisch.

Die Benediktinermönche sind wirklich vielseitig; sie führen ein Kloster, beten, predigen, kochen, bewirten Gäste, ackern im eigenen Garten und finden noch Zeit, um Kirchenschätze aus ganz Spanien in einer Spezialwerkstatt professionell zu restaurieren.

Wie sie das alles mit Leichtigkeit und Begeisterung schaffen, haben uns die beiden Patres bei Gesprächen im Kreuzgang zwischen Blumen und Springbrunnen erzählt. Die Antwort ist simpel. Sie leben ganz einfach nach den Regeln des heiligen Benedikt: Bete und arbeite – ora et labora! In der Antike wie im Mittelalter war körperliche Arbeit etwas Erniedrigendes, die Sache von Sklaven und Knechten, also Unfreien. Benedikts Mönche und Nonnen hingegen scheuten vor keiner Arbeit zurück, weil sie davon überzeugt waren, dass Arbeit zu einem sinnerfüllten Leben gehört. Von den Klöstern ausgehend, hat sich diese Überzeugung mit der Zeit in ganz Europa durchgesetzt und den jahrhundertelangen Fortschritt der europäischen Zivilisation mitbegründet.

Pater Juan Antonio ergänzt: »Wir könnten nicht auf eine Erfolgsgeschichte von 1400 Jahren zurückblicken, wenn sich die benediktinische Kombination von Tüchtigkeit und gläubiger Zuversicht nicht so gut bewährt hätte.«

Um 21.30 Uhr endet der Tag mit dem Complet und dem

Pilgersegen. Die kleine Kirche fasst die vielen Besucher kaum.

Wir bewundern die Disziplin dieses Tagesablaufes und die beiden noch jungen Benediktiner, mit denen wir schnell zu einer guten Gemeinschaft finden.

Im Kloster wohnen wir in Einzelzimmern. Bisher haben wir auf dem Camino täglich 24 Stunden zusammen verbracht, sind gemeinsam gepilgert, haben gemeinsam geschwatzt und unsere Gedanken immer ausgetauscht. Jetzt liegen wir mit unseren Gedanken alleine in den Klosterbetten.

Während unserer beiden Klostertage wird in Rabanal das Fronleichnamsfest gefeiert. In dem kleinen Bergdorf wohnen nur 32 Menschen, sie alle kommen an diesem Tag zum Gottesdienst, und dazu noch einige Pilger. Die ganze Schar zieht in einer Prozession an den geschmückten Häusern vorbei. Die Kapelle für das Kirchenfest besteht aus drei Personen: Ein Mann schlägt die Trommel und spielt Flöte, zwei Frauen lassen ihre Kastagnetten erklingen. Sie spielen den spanischen Königsmarsch. Sogar im Gotteshaus wird diese Marschmusik auf der Orgel gespielt. Für alle Bewohner ist das ein großer Tag, an dem sie ihre Verbundenheit zur Kirche und zu ihren Traditionen aktiv bekunden. Schöner und eindrucksvoller kann man das Fronleichnamsfest in den großen Städten Burgos und León sicher nicht erleben.

Dann sind wir wieder ganz oben, 1531 Meter hoch, beim Cruz de Ferro, dem Eisenkreuz auf der Hochebene des Monte Irago. Pilger legen hier einen Stein nieder und lassen Erinnerungsstücke zurück. Dieses Ritual ist ein Symbol für das Ablegen einer Seelenlast. Ich reihe mich ein und lege drei kleine Stücke Bernstein aus meiner Heimat Ostpreußen an den Fuß des Holzmastes. Oben befestige ich eine tibetische Gebetsfahne – im Gedenken an einen buddhistischen Freund, mit dem ich im Himalaya auf dortigen Pilgerrouten unterwegs war. Wie die Tibeter auf ihren hohen Pässen rufe ich hier oben: »La Gyal Loh – Gott sei Dank.«

Ist dieses Vermischen unterschiedlicher Glaubenssymbole Gotteslästerung oder gar Ketzerei? Der katholische Theologe Hans Küng vertritt die These, dass Frieden zwischen den Religionen die Vorraussetzung für einen Weltfrieden ist. Und der Dalai Lama unterstreicht:

»Da wir alle einen kleinen Planeten bewohnen, müssen wir lernen, in Frieden und Harmonie und im Einklang mit der Natur zu leben. Das ist nicht nur ein Traum, sondern eine Notwendigkeit.«

Im Jahr 1934 schrieb James Hilton seinen Weltbestseller »Der verlorene Horizont«, in dem er *Schangri-La* als Paradies auf Erden beschwört. Auch in diesem frühen Roman geht es um die Verschmelzung von christlichen und buddhistischen Werten: »... denn *Te Deum laudamus* und *Om mani padme hum* hörte man nebeneinander in den Andachtsstätten des Tales.«

Genau deshalb ist es doch schön, wenn auch eine tibetische Gebetsfahne hier oben auf dem Jakobsweg flattert. Oder?

Mit Gott gehen

BERND LOHSE

Pilgern ist immer eine innere und eine äußere Reise. Zur äußeren Reise gehören der Pilgerführer, die Schuhe, Schlafsack, Rucksack und Flugticket, eine fremde Sprache und die Urlaubsplanung. Die innere Reise ist weniger klar beschreibbar. Es geht um Vertrauen und Begegnungen. Pilgernde begegnen anderen Pilgern, sie begegnen Gastgebern, fremder, irritierender und lockender Kultur. Sie begegnen auf dieser inneren Reise den Glaubenstraditionen, eigenen Abgrenzungen und Fragen. Sie treffen auf Geschichten von Gott und Erzählungen, die andere für sie bereithalten und die nachklingen werden in der Seele. Diese Begegnungen bringen die Pilgernden auch in eine Begegnung mit sich selbst. Unerledigte Fragen, Verdrängtes, Träume und Sehnsüchte werden unterwegs auftauchen. Pilger begegnen ihrer Traurigkeit ebenso wie dem Lebensglück, das in ihnen schlummert. Sie geraten an innere Grenzen und erfahren ihre dominanten Bilder vom Leben. Taugen die wirklich? Oder engen sie mich ein? Auf der inneren Reise kann vieles durcheinandergeraten.

Die innere Reise ist ein komplexer, spiritueller Prozess. Es ist ein Werden und Wachsen von Teilen der Persönlichkeit, die im bisherigen Leben eher wenig Raum hatten. Begeistert berichtet der Reeder aus Norddeutschland von den abendlichen Tischgemeinschaften in Pilgerherbergen: »Die wildfremden Menschen schmissen zusammen, was sie hatten, und kochten ein wunderbares Nudelgericht, einer hatte eine Flasche Rioja, und so saßen wir am Tisch wie einst die Jünger Jesu.«

Der Mann war so berührt über diese einzigartige Tischgemeinschaft, dass er sich immer wieder auf den Weg machte und erfuhr, wie wenig ein erfülltes Leben braucht, wie schlicht und einfach Glück sein kann. Er selbst spricht von der längsten Reise, zu der er je aufgebrochen ist: die Reise nach innen, die Reise in die Tiefe des Lebens.

»Was passiert da? Wie kommt das alles so hin, dass es genau passt?«, fragt mich eine Pilgerin, und sie erzählt, wie sie ihren Pilgerstab, den sie von Freunden geschenkt bekommen hatte, in einem Café am Camino vergessen hatte. Schmerzhaft wird ihr der Verlust in den nächsten Tagen bewusst. Sie ist traurig, beschließt aber, nicht umzukehren. 30 Tage später, es ist der Tag, bevor sie Santiago erreicht, gesellt sich ein Pilger zu ihr, den sie lange nicht getroffen hatte. Er zeigt ihr einen Pilgerstab und fragt sie: »Das ist doch deiner, oder?« Sie ist überwältigt von Freude und Staunen. Da ist einer 30 Tage hinter ihr gegangen und hat ihren Pilgerstab die ganze Zeit mitgetragen. »Dich schickt der Himmel«, sagt sie und überlegt, nachdem sie den Satz ausgesprochen hat: Was habe ich da gesagt? »Ja, aber das stimmt doch. Auf dem Camino sind Gottes Engel unterwegs.«

Das ist die andere Dimension der Begegnungen auf dem Pilgerweg: die Begegnung mit Gott und der Sphäre des Heiligen. Mitten in unserer aufgeklärten, durch und durch geplanten Welt, können Menschen etwas erleben, das sie staunen lässt. Es gibt Erlebnisse beim Pilgern, die die Unverfügbarkeit des Lebens abbilden und eine Ehrfurcht vor dem Leben und der ganzen Schöpfung erzeugen. Pilger gehen mitten hinein in die Schönheit der Natur und lernen die Anfälligkeit von Ökosystemen kennen. Die Wirklichkeit dieser Welt, die unendlich vielfältiger ist, als wir uns gewöhnlich einbilden, lässt Menschen auf dem Weg staunen: wilde Tiere, unverfälschte Landschaften. Wer das Geschenk des Wassers auf einem ausgedörrten, heißen Wegstück schätzen gelernt hat, weiß um die Grenzen und Gaben, die diese Wege für uns bereiten.

Pilgern eignet sich nicht für jeden. Es braucht Demut und

eine Sensibilität für Schöpfung und Mitgeschöpfe. Wer nichts damit anfangen kann, dass man Wasser sprechen und Wind in den Bäumen singen hören kann, wer nicht versteht, dass man ein Gebet von den uralten Birken des Dovrefjells lernen kann, und wen noch nie auf einem Gebirgsgipfel das gute Gefühl der Demut und die Liebe zu dieser großartigen Schöpfung gepackt hat, ahnt nicht, was Aufbrechen in die Achtsamkeit beim Pilgern meint. Ökosysteme, Natur und Wetter sind verwundbar und wollen uns lehren, sorgsam mit dem uns Anvertrauten umzugehen. Wir kommen auf dem Pilgerweg in Berührung mit der Wirklichkeit Gottes und mit den Grunddimensionen unseres Lebens. All das sind Erfahrungen von unterwegs.

Bevor man sich wirklich auf den Weg begibt, kann es eine gute Hilfe sein, sich von einer/einem Geistlichen segnen zu lassen. Der Pilgersegen ist eine gute Tradition, die vielerorts neu entdeckt wird. Ja, nimm gute Worte mit, die dir persönlich zugesprochen werden! Und ist kein Geistlicher zur Stelle, dann können andere Pilger segnen. Zum Segnen sind alle Getauften gerufen. Sie können die Hände auf den Kopf oder auf die Schulter legen und am Ende ein Kreuz schlagen.

Ein irischer Segen eignet sich besonders gut:

Möge der Weg dir entgegenkommen,
der Wind sei dir stets im Rücken.
Die Sonne wärme sanft dein Gesicht
und Regen falle mild auf deine Mütze.
Und bis wir uns wiedersehen,
halte Gott dich schützend in seiner Hand,
aber drücke niemals zu fest.

Im Evangelischen Gesangbuch und dem Gotteslob finden sich weitere Segen und Gebete, Psalmen und Taizé-Gesänge für kleine Andachten.

Pilgern muss man nicht lernen oder üben. Oft gehen wir den Weg nach innen ganz von selbst. Es gibt jedoch bestimmte Eigenschaften des Pilgerns, die die Reise der

Seele vertiefen und bewusst machen können. Diesen Besonderheiten des Pilgerns möchte ich mich im Folgenden zuwenden.

Gehen

Beim Pilgern nutzen wir eine oft unterschätzte Kulturtechnik: das Gehen. Es ist so üblich geworden, zu fahren. Wenn es um weitere Entfernungen geht, fliegen wir. Gehen hingegen ist allenfalls noch als sportliche Disziplin oder als Spazierengehen und Wandern bekannt. Will man ein weit entfernt liegendes Ziel erreichen, fällt den wenigsten das Gehen ein. Zum Maß aller Dinge ist uns die Schnelligkeit geworden, und wir sind ihre Sklaven. Pilgern hingegen ist langsam, die Seele geht zu Fuß. Eine uralte Pilgerweisheit sagt: Nur dort, wo du zu Fuß gewesen bist, bist du wirklich gewesen.

Uns Menschen tut es gut, zu Fuß unterwegs zu sein. Dann sind wir in unserem Körper zu Hause. Der aufrechte Gang ist es, was uns von allen Lebewesen unterscheidet. Und doch sind wir zu Sitzwesen geworden und halten allenfalls mit dem Laufen dagegen. Laufen ist quasi zur modernen Bußübung des von sich selbst entfremdeten Gehwesens geworden. So rennt sich der Mensch weg, auf Teufel komm raus, und ist erschöpft, aber noch längst nicht zufrieden und schon gar nicht in sich zu Hause. Laufen ist gewöhnlich Fluchtbewegung. Nur der nichts fürchtet, kann gehen.

Gehen ist das Tempo, das Geist, Leib und Seele vereint. Im Gehen wird ein Mensch aufmerksam auf seine Gedanken, seine verborgenen Gefühle, auf die Kreativität. Der Philosoph Søren Kierkegaard hat viele seiner besten Gedanken auf seinen ausgedehnten Gängen heraus aus der Stadt Kopenhagen gewonnen. Er war ein großer Freund des Gehens und hat unterwegs seine Philosophie entwickelt.

Viele Menschen machen die Erfahrung, wie gut ein Spaziergang nach einem schweren Konflikt oder einer festgefahrenen Situation tut. Manche meiner Predigten und viele kreative Texte entstehen auf dem Weg durch Parks oder die Natur. Am besten fördert meine Gedanken ein Ort, an dem ich den Eindruck habe, ganz weit weg von der Stadt zu sein.

Gehen tut gut und Pilgern kann sogar heilsam sein. Davon berichtet der Rehabilitationsmediziner Freerk Baumann in »Die Macht der Bewegung«. Baumann hat die möglichen Auswirkungen von Pilger- und Gebirgswanderungen auf Krebspatienten untersucht. Seine Ergebnisse, die rein medizinisch messbare Faktoren betreffen, zeigen deutlich positive Auswirkungen. Es kann nur vermutet werden, dass eine Untersuchung der seelisch-spirituellen Faktoren noch stärkere positive Veränderungen feststellen würde.

Körper, Geist und Seele kommen beim Pilgern in einen guten Einklang. Im Gehen kann man eine heilsame geistliche Vertiefung erfahren.

Wie aber kann diese spirituelle Vertiefung geschehen? Wesentlich ist die Erfahrung der Entschleunigung, der Langsamkeit und der bewussten Struktur des Tages, orientiert an den Tagzeitengebeten und langen Schweigephasen. Das Gehen ist langsam und dadurch intensiv.

Langsamkeit

»Heute leben wir in der hyperbeschleunigten Welt von Burn-out, Bore-out und Buy-out«, stellt Peter R. Müller in seinem Buch »Columbans Revolution« fest. In der Tat berichten viele Pilger davon, dass sie bewusst aus dem »Teufelskreis« von immer mehr, schneller und effektiver ausgestiegen seien, bevor sie sich auf eine Pilgerwanderung begeben haben. »So konnte es nicht mehr weitergehen«, ist ein Satz, den Besucher im Pilgerbüro von St. Jacobi in Hamburg und beim Pilgerstammtisch häufig sagen. Viele erleben ihre Gesellschaft als unheil und krankmachend. Sie berichten davon, dass sie in ihrer Arbeit und dem gewohnten Lebensstil keinen Sinn mehr sehen. Das Ergebnis ist Leere und eine Sehnsucht nach dem ganz anderen Leben: ein echteres Leben, mit Blasen an den Füßen statt Investmentblasen. Inmitten dieser Krisenerfahrung entdecken Menschen aus allen möglichen Berufsfeldern, vom erfolgreichen Unternehmer bis zur Pflegehelferin, das Pilgern. Es sei wie ein Geschenk zu ihnen gekommen, wie eine Offenbarung oder ein Rettungsring. Im Mittelpunkt ihrer Entdeckungen steht ganz wesentlich die Erfahrung der Langsamkeit.

Der Weg eines Tages kann nur so weit sein, wie ihn Körper, Geist und Seele zu bewältigen in der Lage sind. Der ganze Mensch wird ausgebremst, und wir können uns nicht mehr vornehmen, als wir uns an diesem Tag zumuten können. Am Anfang des Wegs neigen viele Pilger noch dazu, sich zu überfordern. Sie fühlen sich unter Druck, ein Bett sicher zu haben, erster zu sein in der Herberge der nächsten Etappe, sich etwas zu beweisen oder es den anderen zu zeigen ... Doch je länger der Weg währt, desto deutlicher entlarvt der Pilgerweg diese Lebensdummheiten. Wem muss ich denn etwas beweisen? Sorgt Gott nicht für mich? Gibt es nicht genug Cafés, Bars, Kirchen und Ausblicke auf dem Weg, die mir wertvolle Pausen schenken können?

Wenn ich langsamer werde, beginne ich, die vielen wundervollen Momente auf dem Weg zu genießen und komme in Begegnungen, an denen ich gewöhnlich vorbeilaufe. Langsamkeit ist eine wahre Kostbarkeit, die es auf dem Weg zu schmecken gibt.

Habe ich Mühe mit meinem Drang zur Schnelligkeit, dann sollte ich mir vornehmen, den Weg der kommenden Stunde ganz langsam und bewusst zu gehen und dabei sehr genau auf mich zu achten. Das kann Wunder wirken! Eine Übung, die auch im Alltag taugt. Wenn der Druck am größten scheint, sind die Langsamkeit und das Durchatmen die besten Helfer.

Langsamkeit bringt uns in Kontakt mit dem Atemrhythmus. Wir nehmen deutlich wahr, dass unser Leben wesentlich aus Rhythmen besteht: dem Puls des Herzens, dem Wechsel von Ein- und Ausatmen, dem Takt der Füße beim Gehen, dem Tagesrhythmus von Morgen, Mittag, Abend und Nacht, dem Wechsel von Gehen und Pause, dem Rhythmus von Durst, Hunger und Zufriedenheit und dem Erleben von Kraftfülle und Müdigkeit. In der Langsamkeit können wir all diese Rhythmen bewusst erleben und gestalten.

Auch die alte Pilgertradition der Ankunft ist geprägt von Langsamkeit: Pilger, die das Heiligtum erreichten, betraten es nicht am Ankunftstag. Sie umrundeten es dreimal, schweigend, singend oder betend und suchten dann eine Unterkunft, um sich auszuruhen, zu stärken und zu waschen. Erst am Folgetag besuchten sie ausgeschlafen den Gottesdienst oder zogen in einer Prozession in das Heiligtum ein. Welche Weisheit liegt in diesem Ritual der Langsamkeit!

Es kann nicht darum gehen, alles schnell zu erledigen und die Pilgerwanderung hinter sich zu bringen. Das wäre absurd. Die Achtsamkeit gibt den Takt beim Pilgern vor. Körper, Geist und Seele brauchen ihre Zeit, um zu begreifen, was ist und was gewesen ist. Und die Rückkehr in den Alltag beginnt erst, nachdem Pilger wirklich angekommen sind, denn die Seele geht stets zu Fuß.

Auf Pilgerwanderungen in Gruppen geben die Tagzeitengebete den Rhythmus des Tages vor. Es macht etwas mit einem Menschen, wenn der Tag von Gebeten und Schweigezeiten eingerahmt wird, wenn ein Bibelwort den Tag begleitet und am Abend bewusst zurückgeschaut wird auf die Bilder, Gedanken und Erlebnisse des Tages. Der geistliche Rahmen ist Atmen der Seele, ritualisierte Langsamkeit, liturgische Weisheit.

Gebet

Beten ist Kommunikation eines Menschen mit Gott. Mit oder ohne Worte können wir Gott alles sagen und ihm von uns erzählen: den Erlebnissen und Sorgen, den Gedanken über das Leben und allem Unerledigten. Im Beten vertrauen wir darauf, dass Gott hört, was gesagt werden muss. Indem wir ein Gebet formulieren, machen wir uns bewusst, was zu sagen ist. Nicht Gott braucht das Gebet, sondern wir selbst!

Beim Pilgern beten wir auf vielfache Weise. Schon das Gehen durch die Natur bringt Menschen in Kontakt mit dem, der »sich das alles ausgedacht hat«. Mit dem Staunen kommt uns das Lob des Schöpfers über die Lippen. Ich erlebe mich als Teil des Ganzen. So begreife ich, dass ich selbst auch »Geschöpf« bin. Mit dem Erfahren beginnt das Beten.

Viele Pilger, die allein unterwegs sind, lieben es, eine Kirche zu betreten, dort eine Kerze zu entzünden und sich in eine Bank zu setzen. Auch wenn sie nichts weiter tun als das, so haben sie begonnen zu beten. Gebet braucht nicht die vielen geübten und klugen Worte. Das einfachste Gebet könnte so lauten: »Ach, Gott!« oder »Gott, hier bin ich.« Auf diese Weise haben Adam, Abraham, Mose und Jeremia Gott geantwortet, als er sich an sie wandte. Mehr als »Hier bin ich« können wir Gott kaum sagen. Es meint, dass ich selbst im Gebet begreife, wo ich bin und dass ich da bin. Gebet ist demnach die intensivste Form, sich selbst bewusst zu werden und den eigenen Stand- oder Sitzort zu benennen.

Ich kann vertraute Worte beten oder mir ein Büchlein mit guten Gebeten mitnehmen. Das hilft, um in Gang zu kommen. Viele Menschen vor mir haben in den Kirchen gebetet, sind die Wege gegangen und haben Erfahrungen gemacht, die ich gerade neu mache. Ihrer Weisheit darf ich mich anschließen, wenn ich ins Beten komme. Und wenn ich das Vaterunser bete, so schließe ich mich diesen elementaren Worten und Bitten Jesu von Nazareth an, in denen er alles

Wesentliche zusammengefasst hat, das uns Menschen betrifft.

Wer mit anderen zusammen pilgert, kann erleben, wie schön es ist, gemeinsam zu singen oder zu psalmodieren. Vielen Menschen sind die geistlichen Lieder fremd. Ein großer Segen sind die Gesänge aus dem Kloster Taizé in Frankreich. Sie sind schnell zu lernen. Ihre Texte sind oft kurze, elementare Glaubenssätze, die wie ein Mantra wiederholt werden. Auf der Internetseite des Klosters (www.taize.fr) kann man sich die Lieder anhören und auch die Stimmen herunterladen. Vielstimmiger Gesang ist eine der wunderbaren Übungen des christlichen Glaubens und tut sehr gut.

Es gibt gute geistliche Wegbegleiter in Taschenbuchform (zum Beispiel der Titel »Auf und werde«). Nach einem passenden Buch zu stöbern gehört zur Pilgerreisevorbereitung. Wer pilgert, sollte sich überlegen, ob er/sie nicht dem Tag einen geistlichen Rhythmus geben will, mit Morgen-, Mittag- und Abendgebet. Man kann Zeitpunkte zum Innehalten verabreden oder bewusst Schweigetage einlegen.

Bin ich in einer Gruppe unterwegs, dann können die Tagzeitengebete besonders gestaltet werden: mit Gesängen, Psalmgebet und wechselnden Bibellesungen. Die Gebetszeiten in der Gruppe strukturieren den Tag und geben Halt. Wenn man sich am Abend nach einer Pilgeretappe erzählt, welche Gedanken und Bilder wichtig waren, dann führt dieser Tagesrückblick die Gespräche in die Tiefe, eine Dimension des inneren Weges. Denn: »Der längste Weg, den wir gehen, ist der Weg nach innen« (Dag Hammerskjöld).

Schweigen

Schweigezeiten gehören seit eh und je zum Pilgern. Als Martin Luther und ein Mitbruder von Erfurt nach Rom gepilgert sind, haben sie fast den gesamten Weg über geschwiegen. Sie bereiteten sich so auf den Plenarablass in

Rom vor. War das Schweigen auf dem Pilgerweg im Mittelalter eine Bußübung beziehungsweise eine besondere Form der Askese, so entdecken wir heute den Segen des Schweigens im Angesicht einer allgegenwärtigen Wort- und Kommunikationsflut. Die Fülle an Berieselung, unnützen Gesprächen, leeren Worthülsen und Geplapper gehört zu den wesentlichen Herausforderungen unserer Zeit. Auf all den Kommunikationswegen die wesentlichen Nachrichten und Ideen wahrzunehmen oder herauszufiltern ist eine Mammutaufgabe des modernen Menschen.

Ich rede, also bin ich – das könnte ein modernes Credo sein. Soziale Netzwerke erfordern ständige Verfügbarkeit und erzeugen dadurch Druck. Gerade die neue internettaugliche Handygeneration vervielfacht die Kommunikationsmöglichkeiten, aber ebenso die Kommunikationszwänge. Nicht alles, was geschrieben, gesimst und gesagt wird, ergibt wirklich Sinn.

Dem Schweigen kommt deshalb heute eine ganz besondere Bedeutung zu. Es braucht den Mut, dem Netz zeitweilig oder ganz den Rücken zu kehren und auf andere, echte Kommunikationsformen zu setzen. Vor allem braucht es das Bewusstsein, dass ich bin, auch wenn ich nicht online bin. So führt der selbstgewählte Verzicht auf Kommunikation zur kostbaren Freiheit, die Menschen auf Pilgerwanderungen erleben und schätzen lernen. Das Handy für die Zeit der Pilgerreise zu Hause zu lassen ist eine echte und weise Entscheidung. Es klingt wie altvordere Technikfeindlichkeit, ist aber Zukunftsstrategie. Die Fähigkeit zur Unterscheidung wird uns helfen zu überleben.

Schweigen ist bewusster Verzicht. Viele Menschen erleben gerade die Zeiten des Schweigens auf Pilgerwanderungen als großen Segen. Eine Pilgerin sprach mal davon: »Das Schweigen ist das Einzelzimmer der Pilgerin.« Es ist die Mönchsklause, der Besinnungsraum, die Meditationsnische, die wir überallhin mitnehmen können.

Nicht der Besitz und nicht die ständige Präsenz machen

uns die Dinge und Menschen wichtig, sondern gerade die bewusste und dadurch maßvolle und stimmige Kontaktaufnahme. Nicht wer viel redet, ist der beste Freund und hat das meiste zu sagen. Ganz im Gegenteil kann der, der bei sich ist, wenn er redet und zuhört, der bessere Freund sein. Freiheit und Bewusstheit ist eine gute Grundlage für Freundschaft und ebenso für das Gebet, für die Beziehung zu Gott.

Askese

Für die irischen Pilgermönche, die Scoti Perigrini, war Pilgern eine Form der Askese. In die Fremde gehen, Verlust von Heimat und Sicherheit und die Reise in fremde Landstriche galten ihnen als Nachfolge Christi. Ihre ewige Pilgerschaft ging mit Hunger, Entbehrungen und Einsamkeit einher. Durch diese extreme Form der Askese wähnten sie sich Christus besonders nah. Wem wollen wir heute eigentlich entsprechen, wenn wir asketisch leben oder Verzicht üben?

Sprechen wir heute von Askese, so meinen wir in der Regel etwas anderes als die Menschen der Frühzeit und des Mittelalters, die sehr strenge Askese beim Pilgern übten: Schweigen über die gesamte Wegstrecke, kein Sex, kein Fleisch, keine Rasur ... Gleichwohl können Formen des freiwilligen Verzichts und des »Anders leben« auch heute ein Element der Pilgerschaft sein. Pilger versprechen sich durch ihre Askese eine vertiefende Wahrnehmung und möchten ein Gespür dafür bekommen, was sie wirklich brauchen und was alles überflüssig ist. So kann Pilgern eine gute Form sein, andere Lebensstile zu erproben.

Askese heute kann, wie schon im Mittelalter, lange Schweigephasen bedeuten oder zeitweiligen Verzicht auf Essen, etwa auf Fleisch. Für manche Pilger ist es selbstverständlich, keinen Alkohol während der Pilgerschaft zu trinken. Eine gute Chance, herauszufinden, welchen Stellenwert Alkohol im eigenen Leben hat und ob ein wochenlanger Verzicht leichtfällt oder Probleme macht. Ähnlich ist es mit dem Rauchen. Heikel hingegen wird für viele der Verzicht auf Handy und Smartphone, geht damit doch der Verzicht auf ständige Erreichbarkeit und den Zugang zum Internet einher.

Selbstgewählte Askese ist heute eine Form der Sensibilisierung für Abhängigkeiten und die Bedeutung, die Alltagsgewohnheiten einnehmen. Askese ist jedoch völlig ungeeignet, wenn sich ein Pilger dadurch ein besonders gutes Ansehen vor Gott und den Mitmenschen zulegen möchte. Das wäre eine Form der Werkegerechtigkeit, die eher von Gott trennt, als zu ihm führt. Denn so würde das Pilgern durch die Hintertür zur frommen Leistung.

Begegnungen

Langsamkeit, Schweigen, Beten und Askese sind geistliche Übungen, die zur Achtsamkeit und damit zur Sensibilisierung eines Menschen beitragen können. So ist das Pilgern eine geistliche Lebensform, die die Sinne schärfen und den ganzen Menschen (Körper, Geist und Seele) empfindsam machen kann für vielfältige Erfahrungen. So werden intensive Begegnungen mit der Schöpfung (Natur), den Mitmenschen und sich selbst möglich. Darüber hinaus begegnen Pilgernde Glaubenstraditionen und öffnen sich für die Erfahrung der Gottesnähe. Pilgernde lernen zu begreifen, dass sie ein kleines, aber keineswegs unwichtiges Teil des großen Ganzen sind. Auf einer langen Pilgerwanderung erleben sie, wer sie wirklich sind und dass Gott ihnen segnend begegnen will.

Zuerst also begegnet ein Pilger sich selbst: den körperlichen Mühen, den Grenzen, Schmerzen und Fragen. Er erlebt, wie ihn das Gehen herausfordert und die einfachen

Unterkünfte ihm zu schaffen machen. Auf dem Weg kommen Pilger in Kontakt mit den Fragen, die sie unsichtbar im Gepäck haben. Es sind Fragen nach dem bisherigen Lebensweg und Fragen an die Zukunft. Wie soll ich mein Leben gestalten? Welchen Studiengang soll ich wählen? Wer bin ich, wenn ich nicht mehr im Beruf bin? Bin ich noch etwas wert, wenn die Kinder aus dem Haus sind und der Mann mich verlassen hat? Soll ich mich trennen oder haben wir zwei noch eine Chance? Gibt es Heilung für mich? Existiere ich auch jenseits der Pflichten und Rollen? Glaube ich eigentlich an Gott? Dies ist nur ein kleiner Blumenstrauß großer Fragen, mit denen Pilgernde sich auf Wege machen. Manche haben diese Fragen im seelischen Gepäck und wissen nicht darum, wenn sie starten. Unterwegs holen die drängenden Fragen den Pilgernden ein. Und das ist gut so, denn die Fragen, die hochkommen, sind dran. Die Begegnung mit sich selbst hat einen reinigenden, klärenden Charakter, auch wenn es ein schmerzhafter Prozess sein kann. Heilungen gibt es nie ohne Wunden. Pilger kehren von ihrer Reise als andere heim und ihre Gesichter berichten von segensreichen Momenten unterwegs. Der Weg macht etwas mit denjenigen, die ihn gehen.

Die andere Dimension der Begegnungen, das sind die anderen, die Fremden, die Engel und diejenigen, die mir Mühe machen. Pilger sind niemals wirklich allein auf dem Weg. Immer schon sind andere vor mir gegangen. Da sind Menschen, die ich noch nie getroffen habe, die parallel mit mir unterwegs sind, und es gibt andere, die wohnen am Weg. Ich erlebe, dass ich auf Gastfreundschaft angewiesen bin, diese großartige menschliche Fähigkeit ...

Pilger, die vor uns unterwegs waren, haben ihre Spuren hinterlassen: ein Stein am Cruz de Ferro oder am Allmannsrøysa, eine Notiz im Gästebuch der Herberge oder eine brennende Kerze in der Kirche. Manchmal lassen sich ihre Fußspuren erkennen oder sie haben einen Gruß auf dem Esstisch der Herberge oder einem Stein hinterlassen. Pilger gehören in eine unsichtbare Weggemeinschaft und erfahren, dass Glaube und Suche der anderen ihrer eigenen ähnlich ist. Sie erleben sich als Teil einer Glaubensgemeinschaft. So entstehen über die Weggemeinschaften weitere Begegnungen, Begegnungen mit Gott und Kirche. Menschen, denen Kirche oder christlicher Glaube fremd gewesen sind, nähern sich vorsichtig und selbstbestimmt einer Tradition an, die auch ihre Kultur geprägt hat. Pilgern ist gerade deshalb auch eine Begegnung mit Europas Glaubenskultur, den vielfältigen Riten, Traditionen und Symbolen der christlichen Kirche, einem kostbaren geistlichen Schatz.

»Auf einmal habe ich mich in einer Kirchenbank wiedergefunden, in einem spanischen Nest am Jakobsweg, und bin niedergekniet. Irgendwas in mir wollte das so. Und dann hat mich, niemals hätte ich damit gerechnet, so etwas wie ein heiliger Schauer ergriffen. Ich musste beten und habe angefangen zu heulen. Und mir war, als wäre ich nach einer langen Reise zu Hause angekommen. Seltsam, nicht wahr?« Dieses Zitat einer Pilgerin steht für viele, die im Pilgerbüro in der Hauptkirche St. Jacobi in Hamburg erzählt werden. Dort dürfen wir von vielen sanften Annäherungen an die christlichen Glaubenstraditionen erfahren. Viele Menschen haben sich aus oftmals sehr verständlichen Gründen von ihrer Kirche entfernt. Geblieben ist dennoch die Sehnsucht nach religiöser Tiefe und einer Bindung an den Glauben, der die europäischen Kulturen so sehr geprägt hat. Auch die Möglichkeit zur Distanzierung von der Kirche und der selbstbestimmten Annäherung gehört zu den grundlegenden Qualitäten des Christentums: Es ist die Idee der Freiheit, die mit Christus und Paulus um die Welt ging.

Pilgerschaft bedeutet Freiheit im Glauben, auf dem Weg mit Gott sein und selbst entscheiden können, wie weit und wann man sich einlässt. Diese wunderbare Freiheit des Glaubens ermöglicht es vielen Pilgernden, sich neugierig auf Bibel, Gebet und Kirche einzulassen. »Ich bin immer christlicher geworden unterwegs«, staunt einer, und ein anderer hat sich seiner katholischen Prägung, die jahrzehntelang keine besondere Bedeutung für ihn hatte, positiv besonnen. Beim Abendmahl stehen Protestantin und Katholik nebeneinander und empfinden darin eine große Genugtuung. Das Christentum besitzt in der Tat eine unglaubliche Fülle an Spiritualität und das, was Menschen oftmals woanders suchen, lässt sich auch in der Traditionenvielfalt der Kirche finden. Ein paar Beispiele: Im Katholizismus betet man den Rosenkranz, um sich an Jesus und Maria zu wenden – eine Sprachmeditation, ein Mantra. Pilger nehmen ihren Rosenkranz mit und entdecken unterwegs diese vertiefende Form handfesten Gebets als segensreich, besonders dann, wenn ihnen die eigenen Worte fehlen. Im Protestantismus haben die »Perlen des Glaubens« viele Freunde gewonnen, ein Armband mit bunten Perlen, die sowohl die Lebensgeschichte Jesu symbolisieren können wie die eigene Glaubensbiografie (www.perlen-des-glaubens.de). Das orthodoxe Herzensgebet beziehungsweise Christusgebet lässt sich täglich unterwegs üben. Man spricht immer wieder den Namen Jesu oder die Worte »Herr Jesus Christus, erbarme dich meiner (wende dich mir zu).« Auch das Sitzen oder Stehen in der Stille hat eine uralte mönchische Tradition und das Tischgebet ist eine schöne Form, etwa für die neu gewonnene Tischgemeinschaft in der Herberge zu danken.

Eine Kirche ist immer ein besonderer Raum. Welch ein Segen ist eine offene Kirche, die eine Pilgerin alleine betreten kann. Sie findet Stille, vielleicht Kühle und immer geschieht etwas mit der Seele. Kirchen können Unerledigtes bewusst machen. Die Gebäude haben oft die Kraft, uns an die andere Wirklichkeit hinter unserer sichtbaren Welt zu erinnern. Sie haben einen geistlichen Mehrwert und sie lassen uns erfahren, dass wir nicht die ersten sind, die sie betreten. Viele Menschen vor uns haben hier gebetet und ihre tiefen Anliegen, ihre Trauer, ihren Dank, Freude und Verzweiflung vor Gott gebracht. Und genauso dürfen wir mit allem, was wir sind, vor Gott treten.

Das ist eine der hohen Qualitäten des christlichen Glaubens: Es gibt die Vorstellung eines Gottes, der mit auf dem Weg ist, der sich nähert und dem das Ergehen von Menschen und anderen Geschöpfen in dieser Welt nicht gleichgültig ist. Ihm ist diese Welt so wichtig, dass er selbst Mensch geworden ist, um unter Menschen zu leben. Der Gott, an den Juden und Christen glauben, ist ein Weg-Gott. Und seine Kirche täte gut daran, die Wege der Menschen sehr ernst zu nehmen, Pilgernden gastfreundlich zu begegnen und darum zu wissen, dass wir hier keine bleibende Statt haben, sondern alle miteinander die zukünftige suchen. Im Glauben sind wir vor allem Suchende, also Pilger.

So öffnen sich Pilger der Dimension des Heiligen und schließen nicht aus, dass Gott ihnen auf dem Weg etwas sagen will. Sie beginnen, ihren Weg und auch ihr Leben unter neuen Vorzeichen zu deuten. Erfahrungen im Leben, die bislang als sinnlos und tragisch gedeutet wurden, können mit neuen, den inneren Augen betrachtet, voller Sinn und Botschaft sein. Gibt es Weichenstellungen von außen? Gibt es Wegweisungen, Aufgaben und Rätsel, die wir im Laufe unseres Lebens lösen müssen?

Im Lichte des Heiligen lernen wir staunen. Auf der Pilgerwanderung können wir mit fremden Menschen eine Gesprächstiefe erreichen, die es vorher nicht einmal mit den besten Freunden und Partnern gab. Andere Menschen halten wichtige Sätze für uns bereit. Sie helfen uns in Krisenzeiten so, dass wir spüren: es passte, es stimmte. Viele solcher Erfahrungen bringen Pilger in Beziehung zu Gott und sie sehen darin sein Eingreifen.

Gott zu schauen, das meint ja nicht, ihn vor Augen zu sehen, sondern das Erleben einer inneren Offenheit, die frei geworden ist von all den Blendungen und Täuschungen, die in der Alltagsdimension so dominant sind. Gott schauen: Das könnte im Staunen über eine großartige Landschaft geschehen oder beim Betrachten eines uralten Baumes im Gebirge, der uns davon berichtet, dass in dieser Welt von Anfang an alles auf Leben ausgerichtet war. So werden wir erinnert an Gott, den Liebhaber und Erschaffer des Lebens.

Der Windhauch im Gebirge, der in den Bäumen und Sträuchern spielt, kann uns zum Boten für den Geist Gottes werden. Ein Bild oder eine Stimmung, Musik oder die Ehrfurcht, die ein gotischer Dom zu vermitteln mag – all diese Orte erzählen von einem Gott, der sich nicht zu schade ist, in diese Welt einzutauchen, der aber nie in ihr aufgeht. Gott bleibt immer der Ganz-Andere, ein Gegenüber. Gott bleibt wie das Heilige unverfügbar und wird niemals ein Urlaubssouvenir, das man besitzen könnte. Und doch lässt das Heilige sich spüren in den Erfahrungen unterwegs, stets flüchtig und jenseitig. Er bleibt das große Lebensziel, das über das Ziel aller Pilgerwanderungen hinausweist. Den Pilgern aber bleiben die Erfahrungen und Erkenntnisse, die sie auf dem Weg wie kostbare Perlen finden durften. Und mit ihnen im seelischen Gepäck machen sie sich auf den Heimweg. Gerade deshalb ist das wichtigste Utensil im Pilgergepäck ein Buch mit leeren Seiten, das alle diese flüchtigen und prägenden Erlebnisse aufnehmen kann. All das Wichtige, das unterwegs gewesen ist, bleibt uns Menschen als Wort und Gedanke. Und wie wichtig solche Erinnerungen sind, davon erzählt die Geschichte der christlichen Kirche, die nicht 2000 Jahre alt geworden wäre ohne die Worte, die andere gehört, weitererzählt und aufgeschrieben haben.

Natur erleben

In der Natur finden wir nicht überall Schilder und Markierungen. Wir müssen uns mit Karten zurechtfinden und die Landschaft lesen lernen. Wo steht die Sonne? Wie spät ist es? Welche Baumseite ist vermoost? Wo finde ich Nordstern und Mondaufgang? Wo den Fluss, den markanten Gipfel, eine Straße? Diese uralten Orientierungshilfen sind besonders für Momente wichtig, in denen Pilger sich verlaufen, eine Marke übersehen und das Gefühl aufkommt: Ich bin falsch. Für Gehende ist jeder Kilometer Umweg eine Last und später am Tag kann jeder zusätzliche Schritt zur Qual werden. Sich mit der Landschaft vertraut zu machen und zu wissen, wo man sich aufhält, ist für Pilgerwanderungen unerlässlich. Ortsbestimmung ist neben der geografischen auch eine psychisch wichtige Aufgabe. Deshalb sollte jeder Pilger eine Karte mitführen. Kartenlesen schult die Aufmerksamkeit.

Die Natur fordert und beschenkt uns in besonderer Weise durch das Wetter. Pilger haben keine Wahl: Sie müssen das Wetter nehmen, wie es kommt. So oder so hat es Auswirkungen auf den inneren und äußeren Verlauf der Wanderung. Das Geschenk einer wundervollen Mittagsrast bei Sonnenschein und Traumaussicht gibt es nur mit dem Risiko von verregneten Etappen ohne Schutz. Wer sich draußen aufhält, lässt sich auf die Bedingungen des »Freiluftlebens« ein. Aber genau diese Erfahrungen reizen viele Menschen heute am Pilgern. Die durchgeplante, klimatisierte und eng getaktete Lebenswirklichkeit entfremdet Menschen von sich selbst und der Natur. Es ist letzlich eine Verarmung der Lebenskräfte. Störungen in dieser zum Schein perfektionierten Welt werden als hoch bedrohlich wahrgenommen. Ist das die Quelle von Ängsten und Krankheiten?

Beim Pilgern bieten sich uns Ausblicke in weite Landschaften, große Horizonte und winzige Mikrokosmen. Die Schönheit einer Blüte, der Schmetterling, der uns eine ganze Weile begleitet, der herbe Geschmack einer reifen Multbeere oder der Geruch von Kräutern und Gras nach einem Regenschauer. Beim Pilgern werden unsere Sinne beschenkt und geschärft. Auch erleben wir, wie bedeutsam Wasser ist. Zu Hause verbrauchen wir Tag für Tag unbewusst viele Liter dieses kostbaren Rohstoffs. Auf dem Weg erleben wir die Kostbarkeit eines Schluckes. Pilger müssen viel trinken unterwegs und sind dankbar für Wasserquellen und Möglichkeiten zum Auffüllen der Flaschen. Wie kostbar Wasser ist, erfahren Pilger besonders dann, wenn es ihnen ausgegangen ist und noch ein halber staubiger Tag ohne Ortschaft bevorsteht. Dann kann es sein, dass mir fremde Menschen auf dem Weg zu Engeln werden.

Gastfreundschaft

Gastfrei zu sein vergesst nicht; denn dadurch haben einige ohne ihr Wissen Engel beherbergt (Hebr 13,2).

Es ist eine urchristliche Qualität, sein Haus zu öffnen und mit anderen Menschen zu teilen. In der Gastfreundschaft und Liebe drückt sich der Glaube aus, der Jesus folgt. Wie weit sind wir heute oft davon entfernt in unserem Land! Wir pflegen die Ängste und schüren die Fremdheit. Ist das Ausdruck dafür, wie fremd uns der christliche Glaube geworden ist?

Pilger können jedoch von großer Gastfreundschaft mitten unter uns und auf ihren Wegen in die Fremde berichten. In ganz Deutschland öffnen Familien ihre Häuser, um Pilger bei sich aufzunehmen und freundlich zu bewirten. Pilger wie Gastgeber berichten begeistert von den Begegnungen, und es melden sich ständig neue Quartiersgeber im Pilgerbüro. »Ich habe ein großes Haus und die Kinder sind ausgezogen ...«, so beginnen solche Erstgespräche oft.

Stell dir vor, ganz Deutschland, ganz Europa wäre durchzogen von einem Netz der Gastfreundschaft! Wenn jede Kirchengemeinde ein gastlicher Ort würde, quasi eine Karawanserei auf den vielfältigen Wegen, die Menschen heute ziehen, dann gäbe es wohl keine überflüssige Kirche mehr. Diese Idee hat Karl Foitzik wunderbar entfaltet in seinem Buch »Mitarbeit in Kirche und Gemeinde«.

Gastfreundschaft beginnt für Gemeinden damit, die Kirchtüren zu öffnen. Menschen suchen Orte des Friedens und der Stille. Offene Kirchen werden gebraucht, und die

Menschen werden zu den Kirchen zurückkehren, wenn sie in ihnen finden können, was sie so sehr suchen: Gebet, Besinnung, Freundlichkeit und Wegweisung zum Kontakt mit dem Heiligen. Unsere Zeit ist sehr gottesbedürftig.

In Dänemark und Norwegen können Pilger eine vielfältige Kultur der Gastfreundschaft erleben. Alte Bauernhöfe werden für Gäste geöffnet und man wohnt in musealen und urigen Unterkünften, isst an riesigen, gemütlichen Holztischen und darf alles benutzen. Es gibt in Norwegen eine Tradition des »Bewahrens durch Benutzen« und so sind die Pilger, indem sie kommen und zu Gast sind, gleichzeitig Bewahrer und Bewahrerinnen. Ähnlich ist es auch auf den spanischen Jakobswegen: Indem die Pilger kommen, werden Dörfer belebt, alte Gebäude genutzt und Menschen zur Begegnung mit Fremden verleitet. Das tut gut und gibt den Menschen am Weg Hoffnung. Pilger sind ein Segen Gottes, denn sie besuchen Menschen. Durch Begegnung erfahren wir Liebe.

Pilger müssen nicht immer bei einem Heiligtum ankommen, um ihr Ziel zu erreichen. Es kann auch sein wie bei Katharina, die nach einer schweren Krankheit in sich den deutlichen Ruf spürte, nach Trondheim zu pilgern. Mit zu wenig Kraft und zu schwerem Gepäck machte sie sich auf den Olavsweg. Immer wieder traf sie freundliche, hilfsbereite Menschen. Es war immer da, was sie brauchte, und sie sagte: »Gott, an dem ich so sehr zweifelte, zeigte mir seine Liebe durch so viele Menschen.« Sie kam nach Fokstugu im Dovre-Gebirge, etwa 300 Kilometer war sie bis hierher gegangen, und erlebte überaus herzliche Gastgeber. Sie blieb ein paar Tage und betete abends mit der Hausgemeinschaft und den Gästen in der Kapelle »Guds Huset«. Und eines Abends kam eine Pilgergruppe aus Deutschland und lud sie an ihren Esstisch, zum Gespräch und zum Abendgebet in der Kapelle. Tiefes Glück durchzog sie, und beim Abendmahl am kommenden Morgen spürte sie, dass sie ihr Pilgerziel erreicht hatte. Ihr Trondheim war in Fokstugu erreicht und sie fühlte, dass sie voll neuer Kraft für den Alltag war. Katharina dankte Gott, dankte den Gastgebern und Pilgern und ließ sich zum Bahnhof fahren. Sie hatte das Heilige unterwegs erfahren. Was sollte sie am Heiligtum mehr finden? Das Ziel dieser Wanderung war erreicht und Katharina sagte: »Um das erfahren zu können, musste ich mich auf den Weg machen, ein Weg raus aus den Ängsten, der mich in Kontakt mit neuem Lebensmut gebracht hat.«

Gastfreundschaft kann besondere Begegnungen ermöglichen, und wer da wem zum Engel wird, ist sehr unterschiedlich. Oft wissen die Engel vorher nichts von ihrem Auftrag.

Krisen und Grenzen

»Warum nur mache ich das?« Dieses Stoßgebet haben viele Pilger zum Himmel geschrien. Irgendwann ist der Punkt erreicht, an dem nichts mehr geht. Die Füße schmerzen, die Seele ist in ein tiefes Tal geraten, das Wetter spielt verrückt, oder die Mitpilger ... Krisen sind Teil der Wegerfahrung und Momente, die jeder am liebsten schwänzen würde. Und doch sind oft gerade die Krisen geistliche Wachstumszeiten. Es sind die Momente zum Umdenken oder Innehalten. Krisen können eine geheime Botschaft beinhalten und ich muss lernen, sie zu deuten.

Und wenn ich keinen Weg mehr sehe,
Gott hat mir schon einen geöffnet.

Für uns moderne Menschen scheint das Leben planbar. Wir sind gewohnt, dass alles jederzeit verfügbar ist und Lösungen sich schnell und reibungslos finden lassen. Weder die Natur noch Körper und Seele funktionieren aber nach unseren Plänen. Der durchtrainierte, athletische Pilger kann in eine tiefe Krise geraten, wenn er zur Ruhe und Pause gezwungen wird. Er ist gewohnt zu laufen, aber nicht zu ruhen. Es kann sein, dass jemand, der die optimale Ausrüstung besitzt und sich exakt vorbereitet hat, erlebt, dass er etwas nicht bedacht hat oder sich die Sohle vom Hightech-Stiefel löst. Die zähe Vielfachpilgerin erlebt urplötzlich ein völlig unübliches Wetter und ist nicht vorbereitet, die beiden Freundinnen geraten in einen Streit über das Tagespensum und gehen fortan getrennte Wege ... Krisen gibt es in allen Variationen. Ich kann sie zum Anlass für Verzweiflung nehmen oder in sie hineinhören. In der Regel fördern gerade Krisenzeiten die Aufmerksamkeit und rücken die Gewichte gerade. Deshalb: keine Angst vor Krisen. Sie bieten die Chance zu persönlichem und geistlichem Wachstum.

Welche Bilder wir von uns selbst haben, in welchen Rollen und Bildern wir uns wohlfühlen und was wir uns einbilden – auf dem Weg können gerade die Grenzerfahrungen alles durcheinanderwirbeln. Gut so, denn die Wirbelstürme fegen durch das Haus unserer Seelen und nach dem Sturm sehen wir klarer: Was ist echt und was nur gespielt? Wenn Gott uns an Grenzen bringt, dann wird es sein, um uns neu zu sensibilisieren und zu öffnen. Wir dürfen gespannt sein.

So ist es auch mit den Umwegen: Sie nerven entsetzlich und können uns doch zu Orten und Ausblicken führen, die wir sonst nie gesehen hätten. Sie schärfen unsere Sinne für aufmerksamere Wegwahrnehmung. Kein Weg, den Gott uns gehen lässt, ist unsinnig. Es kann nur sein, dass ich ihn noch nicht verstehe.

Zweifel und Ärger

Aber sind denn wirklich alle Wege Gottes Wege? Ist denn wirklich alles voller Sinn? Und gibt es nicht auch gute Gründe, wütend und verzweifelt zu sein? Blasen an den Füßen sind einfach blöde und schmerzhaft, und Umwege sind besonders ärgerlich, wenn man müde und kraftlos ist! »Ich muss nicht über alles eine fromme Sauce kippen«, empörte sich ein Pilger beim Tagesrückblick in der Gruppe und erntete sowohl entsetzte Mienen als auch kräftige Zustimmung.

Recht haben die Empörten, denn zum Pilgern braucht man keine fromme Miene. Glaube lebt von Wahrhaftigkeit, und die leidet unter frommem Getue. Es gibt keine vorgeschriebene Art, wie Pilger sein müssen, aber die Chance, dass Pilger auf dem Weg sie selbst werden.

Zum geistlichen Wachstum gehören die Fragen, die Zweifel und der Ärger, dort, wo sie entstehen. Zweifel ist keineswegs das Gegenteil vom Glauben, sondern vielmehr die kleine Schwester des Glaubens. Fragen sind gute Gesprächseröffnungen und zur Kommunikation besser geeignet als starre Postulate. Und niemand muss auf alles eine Antwort kennen.

Ärger ist wie Freude Ausdruck gelebter Emotionen und gehört dorthin, wo Menschen miteinander auf dem Weg sind. Echt sein – das führt zu echten Begegnungen auch auf dem Pilgerweg. Fromme Schleier machen einsam.

Unterwegs geschieht nicht weniger als das Leben. Wir leben ja immer nur in Bewegung, Erstarrung ist tot. »Leben können wir nur vorwärts, das Leben verstehen nur rückwärts«, hat Søren Kierkegaard gesagt. Er muss Pilger gewesen sein, der Spaziergänger von Kopenhagen.

Stille und Innerlichkeit

Pilger gewinnen die Qualität der Stille. Wie gut es tut, nicht ständig zu reden oder den Tag mit Floskeln und Smalltalk zuzubringen, sondern mit der Stille das Hinhören kennenzulernen! Hineinhören in die Landschaft, in die Natur, den Flüssen beim Fließen und dem Wind beim Wehen zuzuhören ist eine Dimension von Leben, die uns besonders in den Großstädten abhandengekommen ist. Beim Pilgern können Menschen das Staunen über die Schönheit der Natur neu erlernen und sich mit dem Charakter uralter Bäume vertraut machen, Bäume, denen Seelen innezuwohnen scheinen. Durch die Stille lauschen wir in die Tiefe, hören auch in uns selbst hinein und nehmen wahr, was im alltäglichen Gemurmel untergeht. Die Begegnung mit der eigenen Innerlichkeit ist der Beginn metaphysischer Beheimatung: Menschen kommen wieder nach Hause in die Tiefe ihres Seins. Diesen unverkrampften Kontakt mit der eigenen Innerlichkeit erleben Menschen als sehr beglückend: Sie sind schon wer, ohne jemanden darstellen zu müssen. Und andere Pilger spiegeln wider, wie gerne sie diesem echten und vertieften Menschen begegnen. Es ist das Ich, das zu beten wagt, das weint und das die Scheu abgelegt hat, an Gott zu glauben. Hinhören ist auch eine Qualität in der Begegnung von Menschen. Da ist jemand, der nicht reden muss, aber zuhören kann. Wie gut tut es, solch einen Menschen zu treffen! Er stellt Fragen und hilft mir, mich selbst zu verstehen. Zuhören hat damit zu tun, aus dem Kreisen um sich selbst auszusteigen und wirklich offen zu werden für andere Menschen. Diese tiefe Art des wahrhaftigen Kommunizierens beginnt in der Stille.

Gemeinschaftliches Teilen

»Was mir am meisten fehlen wird nach dieser Pilgerwanderung, das ist die Tischgemeinschaft. Das gemeinsame Essen und die Gespräche am Tisch – das war für mich pures Glück. Ich hab' es so genossen«, sagte mir eine Pilgerin kurz vor dem Ende unserer Gruppenwanderung. Die Tischgemeinschaft ist eine besondere Qualität der Pilgerwanderung: Hier können Fremde zu Freunden werden. Es fühlt sich an wie eine große Familie.

Zur Tischgemeinschaft gehört das gemeinsame Kochen und auch das Abwaschen. Jeder und jede bringt sich ein und kann etwas beitragen.

Nicht nur das Reden bei Tisch ist hilfreich, sondern auch das Zuhören. Es ist ein Geben und Nehmen, das die Tischrunde so kostbar macht. Damit ist sie ein gutes Beispiel für das Teilen. Gerade angesichts einer Unkultur des Habens und Besitzens ist das Teilen von Lebensmitteln, persönlicher Offenheit und Nähe eine unschätzbare Qualität, die für viele Pilger eine geradezu umstürzende Erfahrung ist. Wer sich selbst verschenkt, der wird beschenkt.

Viele Pilgernde bringen das Kreisen um sich selbst mit. Sie stecken voller Sorgen, Fragen, unerzählter Geschichten und tiefer Einsamkeit. Sie suchen nach Begegnung, wissen aber oft nicht, wie diese Begegnung geschehen kann. Deshalb ist das gemeinsame Tun und auch das bewusste Schweigen miteinander eine gute Hilfe. Die Wäsche schweigend nebeneinander waschen und aufhängen, sich nur mit Lächeln und Achtsamkeit begegnen kann Wunder wirken. Auch Kochen und Abwaschen geht schweigend, und sogar das Essen. Es ist gut, mit anderen das Schweigen und Reden zu verabreden. So entsteht eine befreiende Verlässlichkeit. Und wer einen anderen fragt, ob er ein Gespräch mag, lässt ihm die Freiheit Ja oder Nein zu sagen. Nur wenn jemand wirklich bereit ist zuzuhören, kann das Gespräch für beide befriedigend sein. Ein guter Tipp: Nimm Druck aus dem Gespräch und werde gelassen. Du wirst jemanden finden, der dir zuhören mag. Und wenn es ganz dringend ist, dann erzähle es einfach Gott, dem unendlich guten Zuhörer.

Sein statt Haben

Es ist eine große Herausforderung für uns moderne Menschen, aus der Mentalität des Besitzens auszusteigen. Uns wird vielerorts eingeredet, dass wir Dinge besitzen müssen, um jemand zu sein. Pilger erfahren, dass sie schon jemand sind, ohne dass sie Statussymbole vorweisen könnten. Gewiss, manchmal gibt es auch unter Pilgernden Konkurrenzen um Ausstattung, technische Geräte, vollbrachte Leistungen oder Wissen um die besten Lokale und die billigsten

Herbergen. All diese Konkurrenzen entstehen aus einer Haltung des Habens. Es scheint vielen Menschen Angst zu machen, nichts mehr in der Hand zu haben, mit dem man vor anderen etwas darstellen könnte. Aber wofür? Letztlich macht uns diese Mentalität des Habens arm, denn sie trennt uns von den anderen. Konkurrenzen trennen uns, Status trennt uns, alles, mit dem wir angeben könnten, schafft Distanz.

Wie anders lebt es sich mit der freiwilligen Armut: Weil ich nichts mehr darstellen kann, beginne ich, einfach ich zu sein. Und das ist nicht nichts. Pilgernde können ein nicht abgelenktes Ich erleben und entdecken so die verschütteten Fähigkeiten der Kreativität, Offenheit, Improvisation und Leichtigkeit wieder. Ich bin so, und so fühle ich mich wohl. Diese Entdeckung bringen Pilgernde oft von ihrer Reise mit. Als solche »einfachen Ichs« treffen sie andere »einfache Ichs« unvoreingenommen. Es entsteht echte Begegnung, die den Menschen bereichert.

Genießen

Beim Pilgern können Menschen das Genießen neu lernen. Das ist eine große Lebenskunst, die nicht an Luxusgegenständen oder einem raffinierten Dinner hängt. Im Gegenteil: Genießen bedeutet, ganz da zu sein, in dem, was ich erlebe, tue oder wahrnehme, und zu spüren, wie wohl mir das tut. Viele Pilger berichten vom »Genuss der Landschaft« und sie meinen damit, dass sie sich selbst mit allen Sinnen in dieser Landschaft gefunden haben. »Es hat mich so erfüllt, in die Natur zu schauen, dass ich gar nicht weitergehen mochte. Es war alles da.« Genuss braucht keine besonderen Gegenstände. Der erste Schluck Wasser nach einer langen »trockenen« Etappe kann sehr genussvoll sein: das eiskalte Wasser einer Olavsquelle über die Hände laufen zu lassen, die Flasche zu füllen, sie dann frisch und kühl an den Mund zu setzen und einen Schluck zu trinken, das ist für mich ein hohes Glück. Ebenso kann es sich mit dem Brot verhalten, das in der Mittagsrast an einer schönen Stelle unterwegs das beste Mahl ist, das man sich vorstellen kann. Der Genuss des Moments, die Ruhe und die Rast verwandeln unsere Maßstäbe. Das wenige, das wir wirklich brauchen, wird als mindestens ebenso kostbar empfunden wie alles Teure, das Menschen sich kaufen können.

Genießen ist alles andere als Konsumieren. Beim Konsumieren verleiben wir uns etwas ein, um es zu besitzen, zu haben. Diese Haltung wird in der Theologie »Concupiscentia« genannt und gilt als eine Spielart der Sünde.

Jesus begegnet uns in vielen Erzählungen als Mensch, der genießen konnte. So konnte er es annehmen, gesalbt zu werden von einer Frau. Er schätzte die Früchte der Erde hoch, trank Wein mit »Sündern« und sorgte dafür, dass seine Jünger ausruhen konnten. Vielleicht ist das Genießen auch der Hintergrund der wundersamen Speisungen. Wenn nicht das Haben-Wollen oder die Angst, zu kurz zu kommen dominant sind, sondern das Gefühl, es ist schon für alles Wesentliche gesorgt, dann kommt man zu sich und nimmt wahr, was man hat und was einem geschenkt wurde.

Genießen hat mit vertiefter Achtsamkeit zu tun. Konsumieren ist ein Ausdruck von mangelnder Wahrnehmung und Fremdsteuerung. Pilger erleben, dass sie in eine Lage kommen, in der sie ihren Tag wieder selbst steuern und auf diese Weise in eine Autonomie des Daseins gelangen. Selbstbestimmung ist die Voraussetzung, sich Zeit zu nehmen und hinsetzen zu können, sich nicht mehr von den Zeit- und Zielvorgaben anderer, auch anderer Pilger, leiten zu lassen. Wenn ich frei davon werde, irgendwem etwas beweisen zu müssen, erlebe ich, wie sich das Gefühl der Freiheit in meinem Körper und meiner Seele verbreitet. Diese Freiheit ist der Anfang jeden Genießens. Pilger gehen der Freiheit entgegen. So können sie in eine Haltung des Lebensgenusses kommen, eine Haltung, die frei von aller

Überheblichkeit und Arroganz ist. Wer genießt, lässt sich nicht stören durch den Zwang, irgendwem etwas beweisen zu müssen.

Genuss ist bei uns oft negativ konnotiert und wird häufig als Faulheit oder als Arroganz interpretiert. Das hat bestimmt damit zu tun, dass nicht alles, was nach Genuss aussehen soll, wirklich Genuss ist. Die Pilger, die sich bei jeder Gelegenheit mit Rioja oder Navarra-Wein volllaufen lassen, stehen oft neben sich und sind nicht achtsamer geworden, sondern geradezu unachtsam. Angeberei ist nicht Genuss, sondern gehört eher in den Bereich des Konsums.

Das Genießen neu zu lernen könnte eine lohnende Aufgabe für Kirche und Naturschutzverbände werden. Den Menschen auch in Deutschland die Schönheit der Natur nahezubringen und genussvolle Erfahrungen mit ihr zu ermöglichen könnte den Kirchen und auch der Umweltbewegung aus der Enge manch gesetzlicher Strenge heraushelfen.

ANKOMMEN

Kristin stand auf Feginsbrekka und sah die Stadt in
goldener Abendsonne unter sich liegen. Längs den breiten,
glänzenden Windungen des Flusses lagen braune Höfe; sie
sah die dunklen Laubkuppeln in den Gärten und helle
Steinhäuser mit gezackten Giebeln. Aber über dem grünen
Land, über der herrlichen Stadt erhob sich die Christkirche
so riesenhaft und strahlend hell, dass gleichsam alles ihr zu
Füßen lag. Die Abendsonne mitten auf der Brust und mit
blitzendem Fensterglas, mit Türmen und schwindelnd
hohen Spitzen und goldenen Wetterfahnen stand sie da und
deutete in den hellen Sommerhimmel hinauf. Überwältigt,
schluchzend brach die junge Frau vor dem Kreuz am
Wegrand zusammen, dort, wo Tausende von Pilgern
gelegen und Gott dafür gedankt hatten, dass helfende
Hände sich den Menschen auf ihrer Fahrt durch die
gefährliche und schöne Welt entgegenstreckten.
In Kirchen und Klöstern läutete es zur Vesper, als Kristin
den Christkirchhof betrat. Einen Augenblick wagte sie am
Westgiebel der Kirche hinaufzuspähen – dann schlug sie
geblendet die Augen nieder. Dieses Werk hatten nicht
Menschen aus eigener Kraft zustande gebracht, hier hatte
Gottes Geist durch den heiligen Öistein und durch die
Baumeister, die ihm folgten, gewirkt. Zu uns komme dein
Reich, dein Wille geschehe, wie im Himmel also auch auf
Erden – jetzt verstand sie die Worte.

SIGRID UNDSET: Kristin Lavranstochter

Glücksgefühle im Pilgerhimmel

FRANZ ALT

Beim Pilgern wird für mich eine Elementarreligion erfahrbar, wie sie in allen Kulturen überlebt hat: bei den Maoris in
Neuseeland, den Aborigines in Australien, den Indianern in
Amerika und bei den Schamanen in Sibirien. Bei den Taois-
ten in Ostasien führt der »Weg des Maßes« (Tao) in andere
Dimensionen. Die Beduinen sagen: »In der Wüste findest
du nichts außer dich selbst. Denn die Wege der Weisheit
führen durch die Wüste.«

Es kann geschehen, dass unterwegs bei Sonne oder Regen,
bei Wind und Wetter die Seele genährt wird: beim Schweigen oder Beten, beim Singen oder Gehen, bei Gesprächen,
bei der Feier des Abendmahls und beim Lesen alter Glau-
bensgeschichten in der Bibel. Und es kann passieren, dass
auch kirchenferne Menschen anfangen, religiöse Lieder zu
singen. Pilgern schafft Raum für die Begegnung mit Gott.

Der Olavsweg wurde uns zum Übungsweg für Achtsamkeit. Das Pilgern lehrte uns, heilige Räume zu sehen – am
Himmel und in den Bergen, beim Anblick von Kiefernwäl-
dern oder Urwäldern, beim Sonnenuntergang und -auf-
gang. Du entdeckst die Schönheit im Kleinen und wirst offen für das Unerwartete.

Der Entfernungsstein sagt: Es sind noch lächerliche 14
Kilometer bis Trondheim. Die laufen sich gut. Wir haben
ein Ziel vor Augen. Wir wandern durch Wald und Wiesen,
dann durch sumpfiges Gelände und sehen bald die Vororte
von Trondheim. Unser Weg führt immer noch durch grüne
Natur. Wir überqueren die Leirelva und verschwinden noch
einmal im Wald. Die ersten Jogger und Spaziergänger begegnen uns. Wir sind in einem Naherholungsgebiet der
Stadt.

Ich beginne mich zu fragen: Was wird mir nach dieser Pilgerreise fehlen? Die ausgedehnten Wälder? Der Gesang der Vögel? Die frei dahinströmenden Flüsse, der Anblick der Wolken am Tag und der Sterne in der Nacht? Die Klänge und Farben der Insekten? Die neuen Freunde?

Plötzlich taucht vor uns der Fjord mit der berühmten Insel Munkholmen auf. Der Dom, den wir noch nicht sehen, liegt unten am Wasser der Nidelva. Wir laufen noch einige Straßenzüge bergauf. Ich spüre eine starke innere Erregung. Endlich ankommen! Am Aussichtspunkt Feginsbrekka sehen wir ihn dann zum ersten Mal: den grünen Turm und die grauen Fassaden und Dächer des Nidaros-Doms.

Wir schweigen, weinen, danken und beten still in diesem bewegenden Augenblick. Und wir umarmen uns alle. Wir haben unser Ziel gesehen. Aber wir sind noch nicht ganz dort. Bernd betet mit uns: »Gott, wir danken Dir, dass Du der Weg und das Ziel unseres Lebens bist.«

Nur wenige hundert Meter vom Dom entfernt segnet uns Bernd am Pilgerbrunnen mit Wasser. Es ist für mich wie eine zweite Taufe, als unser Pastor sagt: »Nimm hin das Zeichen des Kreuzes, du gehörst zu Christus und Christus gehört zu dir.«

Nach dem Pilgersegen stürmen wir die Treppen zum Dom hinauf und umrunden das eindrucksvolle Gotteshaus dreimal singend – wieder mit Tränen des Glücks in den Augen:

Lobe den Herren, meine Seele,
und Seinen hochheiligen Namen.
Was Er dir Gutes getan hat,
Seele, vergiss es nicht. Amen.

Ein Zauber geht von diesem Dom aus. Er zieht uns an wie ein Magnet.

Bernd liest aus dem Buch Mose: »Der Herr sprach zu Abraham: Geh aus deinem Vaterland und von der Verwandtschaft und aus deines Vaters Haus in ein Land, das ich dir zeigen will.« Abraham, Urvater der drei monotheistischen Religionen, war einer der frühen Pilger. Wir sind Nachfolger und wir werden viele Nachfolger haben. Die Menschheit ist eine Pilgergemeinschaft auf diesem Planeten. Die bisherige Aufteilung der Spiritualität in Religionen hat die Menschheit getrennt und unendlich viel Leid verursacht. Eine neue Pilgerspiritualität führt uns zusammen.

Im Nidaros-Dom liegt König Olav begraben. Die Wundergeschichten um Olav werden bis heute erzählt. Er ist ein Volksheiliger, Ur-König der Norweger. Am 29. Juli feiern wir mit Pilgern aus der ganzen Welt im vollbesetzten Gotteshaus Olavs Todestag mit einem würdigen Festgottesdienst. Wir sind dankbar. Wir preisen Gott. Wir feiern das Leben. Beim Hochamt verspüre ich ein unbeschreibliches Hochgefühl.

Pilgern ist in Norwegen inzwischen wieder so populär, dass auch das Kronprinzenpaar Mette-Marit und Haakon zu gleicher Zeit wie wir auf dem Olavsweg pilgerten und mit uns im Nidaros-Dom die Olavsmesse feierten. Hier werden sie einmal zu Königin und König gekrönt.

Der Dom ist das bemerkenswerteste Bauwerk Trondheims und eine der bedeutendsten Kirchen ganz Skandinaviens. Aber selbst in diesem großartigen Bauwerk spüre ich, dass ich mich in der Natur Gott näher fühle als in noch so wundervollen Tempeln, die von Menschenhand gebaut sind.

Noch mehr beeindruckt als der Dom selbst hat mich ein Gottesdienst in der kleinen, schlichten Marienkapelle im oberen Stockwerk. Unser Fernsehteam hat dezentes Licht aufgebaut, um filmen zu können, wie wir alle unsere Pilgerurkunden überreicht bekommen. Kerzen brennen in den kleinen Erkern. Eine beinahe mystische Stille und Atmosphäre umfängt uns. In den vielfarbigen Glasfenstern bricht sich das Kerzenlicht. Nur in der Stille stillen wir unseren Hunger nach dem, was unser Herz verlangt. Und hier liegt das wahre Glück des Menschen.

Alle vier Mitglieder unseres Fernsehteams bekommen von Bernd und seiner norwegischen Kollegin ebenfalls eine Pilgerurkunde. Unsere ganze Gruppe applaudiert der Übergabe vor dem Pilgerheim.

Die Pastorinnen, die wir auf dieser Reise kennenlernen dürfen, empfinde ich als Katholik als natürliche Bereicherung, und ich frage mich, wie lange noch die alten, geistig verknöcherten Männer meiner Amtskirche die Frauenordination verhindern und sich zugleich auf den großen Frauenfreund Jesus berufen wollen. Perverser, gottwidriger, jesusfeindlicher und lächerlicher geht's nicht.

Eine abenteuerlich-magische Reise geht zu Ende. Gemeinsam pilgern kann auch ein kraftvolles Partnerschafts- und Liebesritual werden. Im Alltag hasten wir – beim Pilgern verschmelzen Seele und Geist, Körper und Natur, Schöpfer und Schöpfung zu einer gefühlten Einheit. Und bei besonders starken Augenblicken wie bei unserer Ankunft in Trondheim, beim gemeinsamen Abendmahl, beim Wasser-Segen oder auch bei langen Vier-Augen-Gesprächen mit Bigi und anderen wurde dieses Gefühl zu einem unbeschreiblichen Glücksgefühl im Pilgerhimmel.

Wir, fünf Frauen und zehn Männer, wurden Freunde. Es verbindet uns jetzt ein großes Ziel: die Suche nach Gott. Pilgern ist das, was allen Religionen gemeinsam ist. Beim Pilgern in Norwegen – so haben es meine Frau und ich erfahren dürfen – können die Worte Jesu in gute Erde gesät werden und im Herzen reifen. Für immer mehr Menschen entsteht heute eine Outdoor-Theologie, eine Art fünftes Evangelium der Natur, ein Frohe Botschaft der guten, überwältigenden und schönen Schöpfung.

Wir beten das Gebet der norwegischen Pilgerliturgie:

Gott, himmlischer Vater,
wir danken Dir, dass Du uns sicher begleitet hast
auf dem Weg
zum Ziel unseres Pilgerweges.

Wir sagen Dir Dank dafür,
dass Du der Weg und das Ziel unseres Lebens bist.
Von Dir sind wir.
Durch Dich leben wir.
Zu Dir hin wachsen wir.
Wir sagen Dir Dank,
dass wir zu Dir gehören im Leben und im Sterben,
jetzt und immerdar.
Gott segne und behüte uns.
Gott lass Dein Angesicht leuchten über uns
und gib uns Deinen Frieden. Amen

Im Garten des Universums

Während der Rückfahrt mit unseren zwei kleinen Bussen lasse ich mir noch einmal durch den Kopf gehen, was mir das Pilgern auf dem Olavsweg in aller Deutlichkeit gezeigt hat: Wer Zukunft will, muss eine intakte Erde wollen. Und wer eine Zukunft der Erde will, muss achtsam mit ihr leben und arbeiten. Wir müssen also spüren lernen, dass dieser Planet mehr ist als eine Lagerstätte voller Ressourcen, die wir beliebig ausbeuten können. Unsere Erde ist unser Heimatplanet, aber auch ein Ehrfurcht gebietendes Mysterium voller Wunder und Geheimnisse. Beim Versuch, die Schöpfung bewahren zu helfen, werden wir – so denke ich am letzten Tag in Trondheim – von jener Kraft unterstützt, welche die genau richtige Entfernung zwischen Erde und Sonne organisiert, die Sonne zum Strahlen gebracht und den Mond in seine Umlaufbahn gesetzt hat. Es ist jene Kraft, die jeden Grashalm wachsen und jeden Apfel gedeihen lässt.

»Am Anfang war das Wort«, heißt es im Johannesevangelium – also ein Prinzip von Ordnung und Vernunft von vornherein. Zu Beginn war demnach das göttliche Gestaltungsprinzip einer vernünftigen Ordnung und einer ordnenden Vernunft. Nur deshalb waren und sind wir überlebensfähig. Schon Thomas von Aquin wusste im Hochmittelalter: »Die Ordnung des Kosmos ist die letzte und höchste Vollendung aller Dinge.«

Wir sind nicht ohne Hilfe und wir sind nicht allein im kalten Weltraum. »Die dynamischen Kräfte, die wir brauchen, um die Zukunft zu gestalten, sind in uns und über uns. Wir schwimmen in einem Meer von Energie. Von Natur aus gibt es kein Energieproblem. Wir müssen allerdings lernen, unsere menschlichen Technologien in Übereinstimmung zu bringen mit den sich ewig erneuernden Angeboten aus dem Universum. Wir müssen dem Heiligen Geist Landeflächen bieten.

Solange wir auf dieser Erde pilgern, befinden wir uns im Garten des Universums. Bei der Pilgerreise zur Vollendung sind wir wahrscheinlich noch ganz am Anfang. Am Ende steht wohl das Ganze, in dem sich das Menschliche, das Göttliche und das Kosmische vereinen. Das kleine Selbst erlebt dann seine Erfüllung im großen Selbst des Universums.

Doch hier und jetzt ist der Weg das Glück. Die wichtigste Wegzehrung heißt: Vertrauen, Hoffnung, Liebe. Beim Pilgern in Norwegen geht es darum, nach den Wurzeln zu suchen und gleichzeitig einen Aufbruch zu wagen: weg von unserer Außenfixiertheit und hin zu anderen Werten, hin zu Gott und zu einer neuen Sensibilität für die gefährdete Schöpfung. Im Raum der Stille können wir der Stimme unseres Herzens lauschen. Dafür brauchen Menschen die Weite, um frei zu werden, den Weg, um gehen zu können, und den Himmel, um ein Ziel vor Augen zu haben.

Die Kirche wird entweder eine pilgernde, fragende und suchende oder es wird keine kraftvolle Kirche geben. Pilgern lehrt das Staunen, die Verzauberung und das Abenteuer, die Welt neu zu sehen. Die grüne Kathedrale Gottes zeigt uns auf einmalige Weise die Schönheit des Schöpfers und die Wunder des Lebens.

Was vor uns und was hinter uns liegt, sind Winzigkeiten im Vergleich zu dem, was in uns ist.

Lektion Nummer 12 dieser Reise:
Pilger pilgern nicht, um Neues zu erleben, sondern um
neu zu werden. Ich möchte mit immer neuen
Erfahrungen alt werden.

Der buddhistische Weisheitslehrer Thich Nhat Hanh sagt, dass der nächste Buddha nicht in Form eines Individuums, sondern in der Form einer achtsamen und liebevollen Gemeinschaft erscheinen wird. Vielleicht erscheint der nächste Buddha oder der nächste Jesus in Form von Gemeinschaften, wie es unsere Pilgergemeinschaft eine war. Wir sind gemeinsam gepilgert, haben gemeinsam gebetet, gesungen, gestritten und meditiert, gemeinsam gekocht, gegessen und gemeinsam das Geschirr gespült. Wir waren gemeinsam unterwegs, um einen Aufbruch zur Achtsamkeit einzuüben. Wir sind Seelenverwandte und Gottsucher.

Abschied vom Olavsweg – das heißt Abschiednehmen von Bergen und Fjorden, von langen Sonnenuntergängen, von den weiß-blauen Wolken, dem norwegischen Mond und dem Licht über dem Wasser.

Ich schrieb es schon: Am Anfang war der Zweifel. Am Ende aber ist Dankbarkeit. Das wahrscheinlich wichtigste und kürzeste Gebet der Menschheit besteht aus einem einzigen Wort: »Danke.« Danken und Denken haben im Deutschen dieselbe Wurzel. Das ist eines der schönsten Wortspiele unserer Sprache. Danken ist das Denken mit dem Herzen. In solchen Erfahrungen liegen Erlebnisse bedingungsloser Liebe, die durch alles Gold und Geld dieser Welt nicht aufgewogen werden können. In diesen Erfahrungen wird alles relativ, außer der wahren, schönen, großen und niemals genug zu preisenden Liebe.

Am Ende sagt Bernd in die Fernsehkamera: »Das Ergreifendste für mich ist, dass in dieser Gruppe aus Fremden Vertraute wurden. Alle sind geistlich gewachsen. Wir wurden eine geistliche Gemeinschaft.«

Die Mitpilger fassen ihre Erfahrungen im NDR-Film so

zusammen: »Ich bin so dankbar. Die Gedanken fließen. Pilgern ist wie eine Meditation.« »Es ist schön zu erfahren, dass du mit deinen Problemen nicht allein auf der Welt bist.« »Ich wurde von Tag zu Tag ruhiger. Dafür bin ich sehr dankbar.« »Gehen ist für mich wieder Luxus geworden. Ich bin froh, dass ich mir diesen Luxus geleistet habe.« »Durch die Stille bin ich achtsamer geworden.« »Wichtiger als das Ziel war für mich der Weg.« »Diese Reise war eine Verbeugung vor der Natur.« »Ich spürte den Himmel über mir. Ich spürte Gott über mir.« Und einer, der vorher schwer krank war, gesteht: »Ich bin durchs Pilgern heiler geworden.«

Der Dalai Lama sagte mir einmal: »Der Sinn unseres Lebens ist Glück.« Ich kann über meine Pilgerreise sagen, dass sie mir geholfen hat, ein glücklicherer Mensch zu werden. Ich weiß jetzt tiefer als zuvor: Gott liebt mich so, wie ich bin. Ich bin frei von der Illusion, mich schuldig fühlen zu müssen. Ich bin und bleibe ein Lernender. Und Lernende dürfen irren und sich korrigieren. Oft werde ich gefragt, warum ich mit 74 Jahren noch in der ganzen Welt aktiv sei. Lernende gehen nie in Rente. Die Einteilung in ein Leben vor und nach der Rente finde ich einfach albern und trostlos. Ich bin ein Festangestellter des Lebens und der Sonne und deshalb als Lernender beschäftigt bis zum letzten Atemzug. In Rente gehe ich (vielleicht!) mit dem Tod. Die entscheidende Frage hat schon Karl Kraus gestellt: »Gibt es ein Leben vor dem Tod?«

Es bleibt noch viel zu tun – gehen wir's an. Wenn Gott mitspielt, dann war das nicht meine letzte Pilgerreise.

Ich habe gelernt, Wundern und dem scheinbar Unmöglichen wieder zu vertrauen – eine kostbare Erfahrung. Noch beim Schreiben dieser Zeilen spüre ich die Glückshormone, die ausgeschüttet werden. Dieselbe Erfahrung wünsche ich auch unseren Lesern.

Lektion 13:
Wahre Religion ist die Wissenschaft vom Glück. Und Glück ist wahrscheinlich ein anderes Wort für Gott.

Ankunft im Garten Eden

HELFRIED WEYER

Zehn Gebote bestimmen und prägen das Leben von Christen, und wenn sie für alle Menschen verbindlich wären, gäbe es wohl weder Kriege noch Terror und auch keinen Hunger auf dieser Welt. Diese zehn Gebote, so erzählt es die Bibel, gab uns Gott in der Wüste Sinai auf dem Heiligen Berg. Er wird auch Mosesberg genannt. Schon in der Antike war dieser Berg ein Pilgerziel, wie wir aus den Reisebeschreibungen der Pilgerin Aetheria wissen, die von 381–384 das Heilige Land bereiste. Dorthin wollte ich 1960, und während dieser Reise, die mehr als ein halbes Jahrhundert zurückliegt, schrieb ich mein erstes Tagebuch.

Es ist Juli, eine Jahreszeit also, in der man Wüsten meiden sollte. Die ganze Landschaft ist tagsüber ein Flimmern, dessen Gewalt von der trockenen Hitze und einem glühenden Wind noch verstärkt wird.

Durst ist hier die größte Geißel, und ich leide schrecklich. Durst lässt mich in dieser Nacht nicht schlafen. In meinem Reisegepäck habe ich das inzwischen zerknitterte Taschenbuch »Wind, Sand und Sterne« von Saint-Exupéry. Es gehört zu meiner Lieblingslektüre, und viele Passagen kann ich schon auswendig:

»Da sind zunächst die harte Kehle und die Zunge aus Gips, das Rasseln im Schlund und ein ekliger Geschmack im Mund. Das sind neue Erfahrungen, und zunächst bringe ich sie in keine Verbindung mit dem Wasser, das sie heilen könnte. Der Durst wird immer mehr zur Krankheit, und immer weniger ist er ein natürliches Verlangen ...«

Dabei sehe ich in der sternenklaren Nacht meine Gerba (das ist ein Wassersack aus Ziegenleder) nur wenige Meter von unserem Lager entfernt auf einem Stein liegen. Aber ich weiß, die Gerba ist fast leer. Mein Beduinenführer Abdulla hat mir eindringlich gesagt, dass man seinen Wasservorrat nie ganz austrinken darf, solange noch ein gutes Stück Weg vor dem Reisenden liegt. Erst am nächsten Brunnen kann man mit gutem Gewissen den letzten Schluck trinken, um dann die Gerba neu zu füllen.

Den Beduinenführer habe ich zusammen mit zwei Kamelen in Suez angeheuert. Abdulla wird mich sicher zum Katharinenkloster bringen, hinter dem sich der Mosesberg 2290 Meter hoch erhebt. Sein Gipfel ist mein Ziel.

Am frühen Morgen, der kältesten Stunde in der Wüste, packen wir unsere Ausrüstung – Schlafsack, Decken und Kochgeschirr – in die bunt bestickten Packtaschen der Kamele. Die Gerba wird nach außen gehängt. Das poröse Ziegenleder wird durch austretendes Wasser feucht, und die Verdunstung sorgt für eine ideale Kühlung. Zum Frühstück gibt es ein winziges Glas stark gesüßten Tee mit frischen Pfefferminzblättern und eine Handvoll Datteln. Dann reiten wir weiter in die wilde Berglandschaft hinein. Zu meinem Gepäck gehört auch ein Sack voller Post für die Mönche im Katharinenkloster, den mir der Abt in Kairo anvertraut hat. Nur dieser griechische Abt konnte damals die Genehmigung zu einer Pilgerreise erteilen.

»Heute werden wir Feiran erreichen, dort gibt es frisches Wasser, und wir werden ein oder auch zwei Tage ausruhen«, frohlockt der sonst wortkarge Abdulla. Das biblische Pharan heißt heute Feiran.

Gegen Mittag tauchen die sattgrünen Palmenhaine der Oase auf. Der Beduine bringt mich auf dem kürzesten Weg zum einzigen Europäer in dieser Welt, die mehr an die Zeit des Alten Testamentes als an das 20. Jahrhundert erinnert.

Der griechische Mönch und Einsiedler Pater Pericles hat sich hier ein schlichtes Häuschen gebaut, in dem er seit elf Jahren abgeschieden von der lauten Welt zusammen mit einem Hund und vielen Hühnern, Gänsen und Enten lebt. Sein Garten erscheint mir wie ein Wunder mitten in der Wüste; da wachsen saftige Melonen, süße Orangen, herzhafte Datteln und andere Köstlichkeiten. Der treue Hund humpelt etwas und Pericles erzählt seine Geschichte:

»Als die Beduinen mir noch feindlich gesonnen waren, schaffte ich mir einen Hund an. Ihn fürchteten sie, und eines Tages wollten sie Lorry erschlagen. Aber sie trafen – Gott sei Dank – nicht seinen Hals, sondern hieben ihm den rechten Vorderlauf ab. Ein Hund mit nur drei Beinen kann nicht weiterleben; also bastelte ich ihm aus einem alten Wasserrohr diese Prothese. Lorry hat sich so daran gewöhnt, dass er sie jetzt sogar zur Nacht anbehält. Und laufen kann er damit fast so schnell wie früher.«

Unter fruchtbaren Weinreben sitze ich im Schatten vor dem Haus und höre Episoden aus dem ganz ungewöhnlichen Leben des Einsiedlers. Ein großer Tonkrug neben dem steinernen Tisch ist mit Brunnenwasser gefüllt; es kühlt durch sein Verdunsten die uns umgebende Luft etwas ab. Das dauernd von den Außenwänden des Kruges heruntertropfende Wasser ist viel zu kostbar, als dass man es im Sand versickern ließe; es wird in einem Gummiring aus einem Autoreifen aufgefangen, der dem Hund, den Hühnern, Enten und Gänsen als Tränke dient. Dieses Auffanggefäß kann nicht überlaufen, weil von ihm ein Abflussrohr zu den Melonen führt. So ein System des unbedingten Wassersparens nenne ich Achtsamkeit!

Hinter dem Haus wohnen weitere Freunde des Griechen; ein Esel und mehrere Ziegen. Pater Pericles beschäftigt drei Araber, und alle vier Männer leben in diesem Garten völlig autark. Mit den Worten: »Mein Garten gehört mir und meinen Gästen« zeigt er uns stolz dieses kleine Paradies.

Ich möchte noch eine Frage loswerden, die im Alten Testament nicht beantwortet wird.

»Sag mir eines, Pater. Mose zog 40 Jahre lang durch diese Wüste. Abdulla und ich haben für die Durchquerung nur eine Woche gebraucht. Wie ist das zu verstehen?«

»Mose war ein Sohn der Wüste und kannte sich bestens aus. Er wusste, dass sich nur mit Wüstenleuten das gelobte

Land erobern ließ, nicht aber mit Männern, die an den Fleisch-
töpfen Ägyptens verweichlicht waren. Deshalb blieb er 40 Jahre
mit seinem Volk in der Oase Kadesh-Barnea im mittleren Sinai.
Dort wartete er, bis eine neue Generation herangewachsen
war.«

Nun müsse ich schlafen, meint der alte Mann, und spannt
eine Hängematte unter die Weinreben. Ich brauche nur den Arm
auszustrecken, um die herrlichen Trauben zu brechen, und
über mir funkeln Millionen Sterne.

Pericles wechselt seinen Platz und spielt irgendwo im Garten
auf der Flöte ein Abendlied. Wie schnell ist da der Höllenritt bis
hierher vergessen, die glühend heißen Täler, der permanente
Durst und die kalten Nächte in der Wüste.

Der Esel schreit nur einmal mitten in der Nacht, und am Morgen weckt mich ein krähender Hahn. Das ist Tausendundeine
Nacht pur.

Am Vormittag kommt ein kleines Beduinenmädchen und
klopft an das Tor. Etwas erschrocken blickt es mich an, als ich
die Gartenpforte öffne; dann sieht das Mädchen den Pater und
eilt zu ihm. Er lässt die Kleine eine Schürze voll Zitronen pflü-
cken; und lächelnd geht das Kind wieder fort. Ich bin wirklich im
Garten Eden gelandet.

Vor unserer Weiterreise fülle ich meine Gerba und trinke so
viel Wasser, wie in meinen Körper nur hineingeht. Dabei denke
ich noch einmal an »meinen Freund« Saint-Exupéry:

»Wasser, du hast weder Geschmack noch Farbe, noch Aroma.
Man kann dich nicht beschreiben. Man schmeckt dich, ohne
dich zu kennen. Es ist nicht so, dass man dich zum Leben
braucht: Du selber bist das Leben! Du bist der köstlichste Besitz
auf Erden!«

Ich bin wieder in der Oase Feiran. Zusammen mit Renate. Pater Pericles gibt es nicht mehr, und hier kennt keiner mehr seinen Namen. Nur die von ihm gebaute Kapelle steht noch. Sie ist Mittelpunkt eines griechisch-orthodoxen Frauenklosters mit wenigen Gästezimmern. Die frisch vom Baum gepflückten Apfelsinen schmecken noch genauso süß und saftig wie damals, und der Klang der Glocke vor der Minikirche berührt mich noch immer.

Dieses Kloster und sein unvergleichlicher Garten sind Orte mit einer ganz besonderen Atmosphäre. Es heißt, es gibt Plätze mit einer starken Ausstrahlung, die der Mensch deutlich spürt, aber nicht messen kann. Die keltischen Steinkreise in Schottland gehören dazu, die kleine achteckige Kirche Eunate am Jakobsweg, die Ruinen der Kathedrale von Hamar und im buddhistischen Kulturkreis der heilige Berg Kailash. Gibt es dort – und an anderen Orten – wirklich diese unsichtbare Strahlung?

Wir glauben aus unserer Pilgererfahrung, dass Orte, an denen seit Jahrhunderten gebetet wurde, zu solchen Plätzen werden. Das ist so in alten Kreuzgängen aus dem Mittelalter, im Garten von Feiran, an den keltischen Steinkreisen – und auch in Afrika. Beim Besuch des Urwaldhospitals in Lambarene vor dem Grab von Albert Schweitzer sagte Renate plötzlich: »Das hier ist auch ein ganz besonderer Ort. Hier muss man einfach beten und mit Gott sprechen.«

Pilgerziele der Weltreligionen

HELFRIED WEYER

Die Gestalt des Pilgers verbindet die Religionen der Welt, sagt Aptprimas Notger Wolf sehr treffend. Pilgern ist durchaus keine Domäne des christlichen Abendlandes, pilgern ist weltweit und weltumspannend verbreitet; im Buddhismus, im Hinduismus und auch im Islam. Denken und Handeln von Pilgernden in uns fremden Religionen und Kulturkreisen sind im Grunde gar nicht so verschieden zu unserem Tun.

Kailash

Was Rom für Katholiken, Jerusalem für Juden und Mekka für Muslime bedeutet, das ist der heilige Berg Kailash in Westtibet für Hindus und Buddhisten. Für Hindus ist der Berg im entlegenen Transhimalaya Wohnsitz ihres Gottes Shiva, Buddhisten sehen in ihm den Mittelpunkt der Welt und gleichzeitig die Achse zwischen Himmel und Erde.

Ich bin davon überzeugt, dass mehr Menschen auf der Welt den Namen Kailash kennen als den Namen Mount Everest. Seit Jahrhunderten pilgern gläubige Menschen zu Tausenden durch fieberfeuchte Dschungel, über den eisigen Himalaya, durch endlose Hochgebirgswüsten und über windgepeitschte Plateaus zu jenem Berg, der all diesen Gläubigen Seelenfrieden, Glück und Erleuchtung schenkt. James Hilton fasste die genannten Begriffe zusammen und erfand dafür das schöne Wort *Schangri-La*.

Ich habe mich eingereiht in die große Schar der Kailash-Pilger, zusammen mit buddhistischen Freunden aus Tibet. Hier sind Auszüge meines Tagebuches:

Während wir in 5000 Meter Höhe mühsam weitersteigen und bei jedem Schritt mit der immer dünner werdenden Luft ringen, überholen uns junge tibetische Frauen fröhlich schwatzend und lachend. Sie fragen sich, warum die Europäer nur so langsam laufen. In dieser Höhe sind uns Tibeter an Kraft und Ausdauer haushoch überlegen.

Kurz vor dem höchsten Punkt des Weges überholen wir zwei Pilger. Körperlänge um Körperlänge hasten sie in verblüffendem Tempo den steilen Weg nach oben. Mit dicken Fellschürzen bekleidet recken die Männer ihre Arme stehend nach oben und schlagen die Bretthandschuhe laut klatschend zusammen. Dann gehen sie auf den Schürzen in die Knie und rutschen mit den Brettern nach vorne, bis Körper und Arme lang ausgestreckt am Boden liegen. Sie stehen auf, gehen bis zu dem Punkt, den ihre Brettspitze erreicht hat, vor und wiederholen die Tortur. Dabei murmeln sie unentwegt Gebete und Mantras. Ihre rituelle Umrundung, genannt Parikrama, dauert 20 bis 25 Tage.

Auf dem höchsten Punkt der Kailash-Parikrama empfängt uns ein Meer aus unzähligen Gebetsfahnen und Manisteinen – und tiefe Zufriedenheit über die eigene Leistung. Hinter den Fahnen ist nur noch blauer Himmel und keine Steigung mehr zu sehen!

Wir haben den 5636 Meter hohen Dolma La erreicht und rufen – wie alle Tibeter – in das wahrlich weite Land hinein: Lha-Gyal-Lo! Gott sei Dank! Während unsere tibetischen Begleiter mitgebrachte Mani-Steine zu den Gebetsfahnen legen, falte ich meine Hände zu meinem ganz persönlichen Gebet: Lieber Gott, schenke diesem großartigen Land und seinen geschundenen Menschen endlich ihre Freiheit und lasse sie in Frieden mit ihren chinesischen Nachbarn leben!

Der österreichische Forscher und Schriftsteller Herbert Tichy war der erste Abendländer, der den Kailash 1936 verbotenerweise, verkleidet als indischer Kuli, umrundet hat. Anschließend schrieb er:

»Kalt, drohend, unendlich fern und unwirklich ist der Berg. Ohne auch nur ein bisschen zu schauspielern, beuge ich mich wie betend vor der Größe der Landschaft. Und ich glaube, ich habe den Fürst Westtibets nicht belogen, ich war ein Pilger, fromm und begierig, das Bild des Berges in mich aufzunehmen. Wahrscheinlich waren meine Gefühle nicht sehr verschieden von denen wirklicher Pilger ...

Damals, als ich mit gläubigen Asiaten monatelang zusammen wanderte, durch ein Land, von dessen Größe und Einsamkeit man sich keine Vorstellung machen kann, da war ich bereit, meine europäische Überheblichkeit und meinen Skeptizismus über Bord zu werfen und daran zu glauben, dass es Dinge gibt, die weit außer- und überhalb unseres Begriffsvermögens stehen ...«

Die Quellen des Ganges

Hindus haben noch ein anderes großes Pilgerziel: die Quellen des Ganges. Auch dort bin ich gewesen. Ziel der Pilgerreise ist das Bad im eiskalten Wasser des heiligen Flusses. Dazu gehören auch vorgeschriebene Gebetsübungen, und beides – die Gebete und das Bad – befreien diese Pilger nach ihrem Glauben von Sünden und Verfehlungen aus dem vergangenen und dem gegenwärtigen Leben. Der Hindu glaubt wie der Buddhist an die Wiedergeburt nach dem Tod. Und sein großes Ziel ist es, aus dem Kreislauf auszubrechen und im Nirwana ewigen Frieden zu finden.

Zu den Pilgern in Gangotri – das ist der Ort an den Quellen – gesellen sich viele Sadhus, Einsiedler oder Heilige, die in Askese in einem Ashram oder einer Eremitage leben und sich von Almosen ernähren.

Der Himalayakenner Heinrich Harrer konnte einmal beobachten, wie pilgernde Frauen einem heiligen Mann Geldstücke anboten. Der Sadhu lehnte die Gabe mit den

Worten ab: »Wie könnt ihr mir Geld anbieten, wo ich doch alles besitze, was zum Leben wichtig ist. Geld bedeutet mir gar nichts!«

Mekka

Millionen Muslime pilgern Jahr für Jahr nach Mekka. Diese Pilgerreise – Hadsch genannt – ist »Ungläubigen«, also Nichtmuslimen, verboten. Mein Freund Achmed, ein gläubiger Libyer, war dort und hat mir auf vielen Wüstenreisen erzählt, was auf der Pilgerreise passiert.

»Der Koran schreibt uns die Hadsch vor, und sie ist wirklich ein unvergessliches Erlebnis, weil sich Millionen Menschen zum gemeinsamen Gebet treffen. Die Kaaba ist für Muslime das zentrale Kultobjekt und ein geistiger Orientierungspunkt auf der Achse, die Himmel und Erde verbindet.

Wenn der Pilger sich der Kaaba, dem schwarzen Würfel, nähert, muss er zunächst rituelle Waschungen vornehmen, um sich von allem Unreinen des weltlichen Lebens zu säubern. Dann kleidet er sich in weiße Baumwolltücher. Weiß steht für Reinheit. Außerdem symbolisiert diese Einheitskleidung, dass vor Gott alle Menschen gleich sind. Der Pilger kann nicht mehr erkennen, ob neben ihm ein König steht oder ein Bettler! In großer Gemeinschaft wird vor der Kaaba gebetet, und dann bewegen sich die Menschen siebenmal um das Heiligtum herum. Dieses Umschreiten geschieht gegen den Uhrzeigersinn, wodurch man die Zeit, die ja mit der Uhr vorwärts läuft, wieder rückläufig machen möchte, bis hin zum paradiesischen Urzustand des Stammvaters Adam.

Ich habe mich in Mekka auch gefürchtet. Ich bin ein Sohn der Wüste. So viele Menschen machen mir Angst. Vor lauter Pilgern und Lampen und Minaretten habe ich plötzlich keine Sterne mehr gesehen. Mekka ist nicht meine Welt. Ich liebe den Sand, den Wind, die Sterne; und zu Gott kann ich auch hier beten. Ich weiß immer, wo Mekka liegt, und habe beim Gebet in der Wüste die schwarze Kaaba vor meinen Augen.«

Welche Religion und welcher Glaube sind nun für Pilger und alle Menschen richtig und wahr? Diese Grundsatzfrage wird vom tibetischen Dalai Lama einfach und sehr tolerant beantwortet. Er sagt, dass viele ganz unterschiedliche Religionen auf der Welt notwendig und nützlich sind. Dabei geht es weniger um die äußere Form, um Tempel, Klöster und Organisationen, sondern alleine um innere Werte. Jede Religion legitimiert sich, wenn sie dem gläubigen Menschen zu mehr Glück und innerem Frieden verhilft. Für den Einzelnen ist demnach eine Religion immer dann sinnvoll und richtig, wenn sie dem Menschen zu mehr Freiheit, zu mehr Würde und zu mehr Humanität verhilft.

Paul Brunton (1898 – 1981) war ein britischer Philosoph, der das Christentum mit der buddhistischen Meditationsphilosophie vermischt hat. Brunton hat selbst im indischen Himalaya als europäischer Eremit gelebt und zusammen mit Sadhus und Heiligen meditiert. Über eine Begegnung mit seinem Lehrer schreibt Brunton:

Mein Lehrer spricht zu mir ohne Worte, und doch erfasse ich seine Gedanken sofort und verstehe sie so deutlich, als würden sie von meinen Ohren gehört: ›Sei still und erkenne, dass ich Gott bin!‹ Diesen Satz aus der Bibel (Psalm 46,11) stellt er als wesentlichen Teil seiner Botschaft heraus, und ich grabe ihn tief in mein Gemüt. Dann heißt er mich zu den Höhen des Himalaya gehen, nicht als Forscher oder Entdecker, sondern allein, um alles äußere Tun zu lassen und mein Bewusstsein in tiefste Stille zu versenken.

Kann eine Aufforderung zum Pilgern und zur Achtsamkeit in unserem christlichen Sinne treffender formuliert werden?

Den Weg in den Alltag mitnehmen

BERND LOHSE

Pilger dürfen ein Ziel erreichen und einen Weg beenden. Weitere Wege können folgen. Ankommen ist aber alles andere als leicht. Es ist eine höchst emotionale und kritische Phase der Pilgerwanderung. In Santiago spricht man von »Pilgertod« und bezeichnet damit die Krise des Ankommens und den notwendigen Rollenwechsel. Pilger können nicht Pilger bleiben, sie müssen zurückkehren in die Heimat, in gewohnte Rollen, denen man fremd geworden ist. Pilger müssen in den Alltag zurück. Das gehört unbedingt zum geistlichen Lernprozess, denn wir können nicht dauerhaft verweilen auf dem Berg der Gottesbegegnung. So wie Jesus Jakobus und Petrus vom Berg wieder auf den Boden zurückschickte (Lk. 17,1–9), so werden wir heimgesandt. Auch das kann Teil des Wegs mit Gott sein. Wieso gebietet Jesus den beiden, nicht zu sprechen über das Erlebte? Können womöglich andere, die nicht dabei waren, nichts verstehen? Auch das deckt sich mit der Pilgererfahrung.

Es kann neue Wege geben, aber dieser eine ist zu Ende. Das ist eine Krise, ein Moment, der auch Trauer und Irritation birgt. Wer bin ich, wenn ich nicht mehr Pilger bin? Bleibt etwas von dem, was ich erlebt habe, oder werde ich wieder »ganz der Alte« sein? Was bleibt von dem, was auf dem Weg war?

Manche Pilger versuchen, dieses Moment der Krise hinauszuzögern, wollen nicht wahrhaben, dass der Weg einmal ein Ende hat, und verlängern die Ankunft um einen weiteren Weg, zum Beispiel um die Strecke von Santiago zum Cap Finisterra. Diese mehrtägige Wanderung hilft, den Schmerz zu behandeln und die Rückkehr innerlich vorzubereiten. Nach alter Pilgertradition verbrennen Pilger ihre

Kleidung von unterwegs dort am Strand und kleiden sich neu: ein kluges Ritual des Wechsels. Andere springen nackt ins Meer und tauchen ganz unter, ein Ritual, das an die Taufe erinnert und die Erneuerung nach dem Weg symbolisieren könnte. Es sagt: Ich bin ein anderer, eine andere nach diesem Weg.

In der Tat, es ist sehr viel geschehen. Der innere und der äußere Weg haben mich gewandelt. Ich habe viele neue Erfahrungen und Einblicke bekommen und meine Sinne und Deutungen geschärft. Pilger kehren als andere zurück. Das ist gewiss. Doch sie brauchen Zeit, um diese Wandlungen zu verstehen und in das alte und alltägliche Leben zu integrieren. Deshalb ist es so wichtig, sich am Zielort Zeit zu nehmen und nicht gleich zurückzureisen, wenn es möglich ist. Eine zu enge Zeitplanung schadet der Seele. Sowohl in Santiago wie auch in Trondheim und anderen Pilgerzielen gibt es gute, gastliche Orte für Pilger, an denen man das Gespräch mit anderen Pilgern aufnehmen kann, oder es gibt Andachten, Messen, Gottesdienste, Stadtführungen und Seelsorge. Besonders schön ist der Pilgerhof in Trondheim, der neben dem Nidaros-Dom liegt. Hier arbeiten Pilgerpastoren und freundliche Helfer. Es gibt Kaffee und Waffeln, einen Raum der Stille und eine sonnige Terrasse als Treffpunkt für Pilger aus der ganzen Welt. Pilgerziele haben eine eigene Qualität: Sie ermöglichen eine langsame Ankunft und weiten den Blick für die »normale« Welt außerhalb der Pilgerexistenz. Das ist wichtig, denn die Rückkehr gehört zwangsläufig zur Pilgerschaft.

Und wenn ich zurück nach Hause komme? Die Familie, Freunde und Bekannten verstehen nicht, was man erzählen möchte, oder können's nicht mehr hören. Wie segensreich ist es, andere Pilger zu treffen, um über die Erfahrungen sprechen zu können. Hier haben Ortsgemeinden die wichtige Aufgabe, Pilgernden ein Austauschort zu sein. In manchen Städten haben sich »Pilgerstammtische« gegründet (Adresse im Anhang) und es gibt Pilgerandachten (zum Beispiel die Pilgervesper in der Jacobi-Kirche in Hamburg), Pilgerbüros, Kirchengemeinden, Jakobusgemeinschaften und andere Gruppen, die am Heimatort Pilgerwanderungen anbieten.

All das kann helfen, aber es nimmt dem Ankommen nicht seine Mühe. Achtsam sollte man mit diesem besonderen Teil der Pilgerwanderung sein und das Ankommen bewusst gestalten. Helfen kann es, an bestimmten Punkten der letzten Etappe anzuhalten, wahrzunehmen, wo man ist, und eine erste Bilanz zu ziehen.

Wo bin ich, Pilger, Pilgerin an diesem Tag?
Wo komme ich her?
Wo habe ich geschlafen? Wen habe ich getroffen?
Wie ging es mir gestern?
Und wie geht es mir heute?
Ich schaue voraus: Da gibt es noch einen Weg zu gehen.
Ich bin noch nicht am Ziel.
Wer bin ich jetzt?

Und dann gehe ich einfach langsam, bewusst Schritt für Schritt weiter.

Einen besonderen Punkt gibt es auf allen traditionellen Wegen: den Freudenberg (Monte Gozo, Feginbrekka, mount of joy). Es ist der Ort, an dem Pilger zum ersten Mal das Heiligtum, das Ziel sehen können. An diesem Ort macht es Sinn, zu verweilen und die Emotionen wahrzunehmen. Und dann ein Gebet sprechen, am besten ein bekanntes, vertrautes, zum Beispiel das Vaterunser. Jetzt beginnt die tatsächlich letzte Wegstrecke bis zum Heiligtum. Viele Pilger im Mittelalter sind dieses letzte Stück barfuß gegangen. Barfuß – sich besonders empfindsam und achtsam machen. Barfuß – das erinnert an die Aufforderung Gottes an Mose bei dessen Berufung am brennenden Dornbusch: »Ziehe deine Schuhe von deinen Füßen, denn der Ort, darauf du stehst, ist heiliges Land« (2. Mose 3,5). Welche besondere Qualität und Langsamkeit könnte eine letzte Etappe auf diese Weise bekommen?

Beim Ankommen wird einerseits deutlich, dass »ich es geschafft habe«. Stolz, Freude, Rührung und Erschöpfung – diese Gefühle gehören zum Ankunftsmoment ebenso wie die Irritation und Trauer. Welche Form könnte für diesen Moment passen? Jeder Pilger gestaltet diesen Ankunftskairos selbst, und doch kann man sich angebotenen Ritualen anschließen. Das Heiligtum dreimal umrunden und an diesem Tag nicht betreten ist eine bewährte Pilgertradition. Man kann sich den Stempel holen und im Pilgerbüro die Urkunde (zum Beispiel Compostela, Olavsbrevet) ausstellen lassen. Oder man geht ins Quartier, duscht und fällt aufs Bett ... Jetzt beginnt die Herausforderung, zu begreifen, was ist.

Nimm dir viel Zeit und lies deine Aufzeichnungen von unterwegs; nimm dir Zeit zum Schreiben und ziehe für dich Bilanz. Was ist alles geschehen? Wen hast du alles getroffen? Welche besonderen Momente hat es gegeben? Welche Antworten hast du gefunden und welche Fragen sind neu?

Hilfreich kann es sein, eine kleine Skizze des persönlichen Wegs zu zeichnen und statt Orten und Landschaftsbezeichnungen Ereignisse, Erkenntnisse und prägende Erlebnisse zu notieren: eine Karte des persönlichen Pilgerwegs.

Nach dem Ziel

Eine stetig wachsende Anzahl von Pilgern macht sich weltweit auf den Weg und viele erreichen das äußere Ziel ihrer Reise: den heiligen Ort. Der Weg zum inneren Ziel aber ist der längste, den ein Mensch gehen kann. So entsteht eine Diskrepanz zwischen äußerem Ziel, das das Ende der Pilgerreise markiert, und dem inneren Ziel, dessen Ende wir nicht selbst bestimmen können. Es geht also weiter, auch wenn der Pilger an seinem Ziel stirbt, wie es in Santiago heißt. Gibt es so etwas wie die »Auferstehung« der Pilgernden? Was kommt nach dem Weg?

Für viele Pilgernde ist längst klar: »Nach dem Weg ist vor dem Weg.« Der überwiegende Anteil der Pilger bricht zu weiteren Pilgerreisen auf. Die Erfahrung des Pilgerns hat in ihnen sehr viel bewegt. Im Vordergrund stehen die Beziehungen, die man zu wildfremden Menschen aufgebaut hat, und die tiefen Gespräche mit sich selbst, mit Gott und den anderen Pilgernden. Erfahrene Gastfreundschaft wird ebenso als Grund zum Wiedergehen genannt wie auch die Begegnung mit einer faszinierenden Natur.

All diesen Gründen zum Wiederpilgern liegen sehr ähnliche verborgene Erfahrungsdimensionen zugrunde. Menschen haben beim Pilgern Kontakt zum Wesentlichen des Lebens bekommen. Die Gewichte und Werte im eigenen Leben verschieben sich und der innere Horizont ist extrem geweitet. Auch berichten viele Pilger davon, dass sie Angst verloren und sich selbst ganz neu wahrgenommen haben. »Ich habe festgestellt, wer ich auch bin.« Diesen Satz habe ich schon oft von Pilgern gehört. Dieses andere Ich möchten viele Menschen in ihr Alltags-Ich integrieren. Sie möchten die Erfahrungen vom Pilgerweg nicht verlieren oder Erkenntnisse außer Acht lassen und für unwahr halten, wenn die gewohnten Zwänge und Realitäten wieder mächtig werden. Für viele Pilgernden bedeutet die Pilgerschaft auch eine grundlegende Veränderung ihres Lebensstils. Dinge, die vorher als unverzichtbar und elementar betrachtet wurden, bekommen eine neue Einordnung. Viele Pilgernde etwa erleben, dass sie in einem Kaufhaus stehen und sich fragen: »Was soll ich hier? Ich brauche doch nichts.«

Was also bleibt von der Pilgerexistenz?

In jedem Fall bleiben viele starke Erinnerungen. In Kopf und Herz haben sich neue, andere Bilder eingenistet: das Bild der aufgehenden Sonne über der weiten Landschaft, ein Weg, den man bewältigt hat; das Bild der müden und zufriedenen Menschen an einem großen Tisch, die teilen, was sie haben; das Bild von der Begegnung mit dem Heiligen in einer kleinen Kirche oder an einem Steinhaufen, das immer noch Tränen in die Augen treibt ...

Es bleiben die Sätze anderer Menschen und die Erfahrung von Stille, das Erlebnis gastfreundlicher Menschen, die sich ganz zugewendet haben, und die Begegnung mit schrulligen Typen, an denen man noch nach der Reise zu kauen hat. Es gab auch Menschen, an denen sich Pilger abgearbeitet haben, die gestört haben auf dem Weg, und jetzt überlegt man, warum gerade die es waren, die ich als Zumutung erlebt habe. Da ist viel aufgebrochen und es sind Fragen und Sehnsüchte hochgekommen. Vielleicht sind einige Pilger so weit gekommen, dass sie unterwegs Entscheidungen in existenziellen Fragen treffen konnten oder erlebt haben, wie sie heiler geworden sind. Es gab Träume und Visionen, einen unerwarteten Besuch am frühen Morgen, eine Versöhnung oder Trost ... Oder die Pilger konnten eine schwere Last loswerden, als sie den Stein am Cruz de Ferro oder Allmannsrøysa abgelegt haben. So etwas verwandelt Menschen und diese Verwandlung ist wahr und wirksam!

Wer von einer langen Pilgerwanderung heimkehrt, kommt als anderer zurück. Die Verwandlungen sind schon äußerlich sichtbar: Das Gesicht ist entspannt, der Blick anders, der ganze Körper sieht »gesünder« aus. Die innerlichen Veränderungen sind für Außenstehende oftmals erst mit der Zeit zu spüren, wenn das Gespräch über Oberflächliches nicht mehr so einfach funktioniert oder die Pilgerin sich trotz aller Mühe kaum verständlich machen kann. Das Verhältnis zur Natur und zur eigenen Seele ist ein anderes geworden, aber auch die Beziehung zu Gott. Vielleicht haben Pilger sich erst jetzt wieder der religiösen Dimension ihres Lebens geöffnet. Darüber zu sprechen fällt besonders dann schwer, wenn man vorher nie über Glaubensfragen gesprochen hat. Oft wächst in Pilgern auch der Wunsch, die erfahrene Gastfreundschaft weiterzugeben. Wo können Pilger als Gastgeber mitwirken? Sind unsere Kirchengemeinden darauf vorbereitet, gastliche Orte zu werden, in denen Menschen herzlich willkommen geheißen und bewirtet und sogar beherbergt werden auf den vielfältigen Lebenswanderungen?

Gewandelt sein

»Am Ziel stirbt der Pilger«, doch nach christlichem Verständnis ist der Tod nicht das Ende, sondern der Durchgang zu etwas Neuem, einem neuen, ewigen Leben. »Ewig« meint aber keine zeitliche Dimension, sondern ist gerade das Gegenteil von Zeit. Wenn Jesus vom ewigen Leben spricht, dann geht es um wahrhaftiges, echtes Leben. Beginnt für Pilgernde nach ihrem »Pilgertod« ein neues, wahrhaftiges Leben? Gibt es also eine Art Pilgerauferstehung?

In der Tat berichten gerade Langstrecken-Pilger von sehr intensiven Veränderungsprozessen, die mit ihnen unterwegs geschehen. Sie erleben, wie ihr Denken sich weitet und wie sie sensibilisiert, emotionaler werden. Manche Pilger erleben auf dem Weg seit langer Zeit zum ersten Mal wieder tiefe Freude. Es lösen sich Tränen, die schon lange hinter einem Damm gestaut waren. Vorurteile nehmen ab und Ängste lösen sich auf. Man merkt Pilgern an, dass ihr Selbstbewusstsein wächst. Ihre Gesichter bilden deutlich sichtbar die Verwandlungen ab, die in Seele und Körper geschehen sind. »Pilger werden jünger auf dem Weg«, sage ich gerne, denn immer wieder staune ich darüber, wie sich die Gesichter verändern.

Diese Verwandlungen sind nicht vorbei, wenn Pilgernde nach Hause kommen. Im Gegenteil: Manches ist geklärt, Maßstäbe haben sich verändert und man kann anders auf Kollegen, Partner und Familie zugehen. Aber es gibt oft Irritationen in der Umgebung oder der Partnerschaft. Pilgernde fühlen sich häufig nicht verstanden von den Daheimgebliebenen und es macht sie unzufrieden, dass sie die tiefen Erlebnisse von unterwegs nicht vermitteln können.

Ich habe schon oft erlebt, dass Partnerschaften nach einer langen Zeit der Irritation erst wieder in Einklang kamen, nachdem der Partner, die Partnerin auch gepilgert ist. Zeiten der Irritation sind für Partnerschaften und Ehen Wachstumszeiten, also keine Angst. Wichtig: Daran ist nicht das Pilgern schuld, sondern die Jahre der Partnerschaft, bevor einer aufgebrochen ist.

Nur wer der Einsamkeit begegnet ist, kann entdecken, wer da mit ihm auf dem Weg ist. Einsamkeit ist ein großer Schatz, denn sie führt uns in die Tiefe. Mönche, weise Leute und Pilger zu allen Zeiten haben bewusst die Einsamkeit gesucht, um die Wahrnehmung zu schulen. Wer ist mit auf dem Weg? Zuerst ein Mensch, der meinen Namen trägt. Es lohnt sich, ihn kennenzulernen und liebzuhaben, für ihn zu sorgen und zu erfahren, was er wirklich braucht. Neben dem Ich gibt es unsichtbare Begleiter. Plötzlich sind gute Ideen im Kopf, Antworten und Lösungen für Konflikte; wo kommt das alles her? Hört mir jemand zu, der ernst nimmt, was ich auf dem Weg verhandle? Wer ist auf dem Weg ein Stück mitgegangen und hat etwas Gutes in mir hinterlassen? Ein Wort, ein Lied, eine Idee, ein Ritual oder ein Lächeln?

Versöhnung fällt uns Menschen oft so schwer. Gewöhnlich halten wir fest an Konflikten, Ängsten, Streitigkeiten und schaffen Distanz zwischen uns und anderen. Die ungelösten Konflikte holen uns ein auf dem Weg und gleichzeitig gehen wir auch von ihnen weg. Diese Distanz tut erst mal gut, denn sie schafft Raum, um alles das, was mir mein Leben schwer macht, mit Abstand zu betrachten. Mir fallen meine eigenen Anteile auf und ich nehme die Grenzen der anderen wahr. Der Weg zeigt mir, wo ich unversöhnt bin und mich selbst nicht mag und annehmen kann. Oft ist das die Quelle für Streitigkeiten. Kann der Weg mir helfen, mich anzunehmen? Auf diese Weise könnten Menschen während einer Pilgerwanderung Wege zur Versöhnung finden, die zu

Hause fortgesetzt werden müssen. »Und vergib uns unsere Schuld, wie auch wir vergeben unseren Schuldigern« – diese Bitte aus dem Vaterunser zeigt uns die Richtung an. Es ist der Weg der Versöhnung mit sich selbst und den Mitmenschen, der Weg zum Glück und zur Zufriedenheit.

Und dann? Wenn Pilgernde zurückkehren, suchen sie nach Menschen, mit denen sie sich austauschen können. Sie brauchen andere, die Ähnliches durchgemacht haben, die verstehen, wenn einer nur ein Wort sagt: »San Nicolas.« Und die anderen hören: Gastfreundschaft und die Füße gewaschen bekommen. So beginnt ein Gespräch über das urchristliche Ritual und die Veränderungen, die es auch heute in Menschen auslösen kann. »Bin ich es wert, dass mir jemand die Füße wäscht?«, fragt eine Frau beim Stammtisch und ist noch gerührt, wenn sie davon erzählt. Eine andere sagt: »Es hat mir so gut getan. Aber ich musste lernen, das anzunehmen.«

All das gehört zu dem gewandelten Ich, das heimkehren wird. Beim Wandeln geschieht eben Wandlung. »Kehrt um«, sagt Jesus, und er meint: Wandelt und wandelt euch. Eine Aufforderung, sich auf den Weg zu machen.

Karte des Pilgerwegs in Norwegen

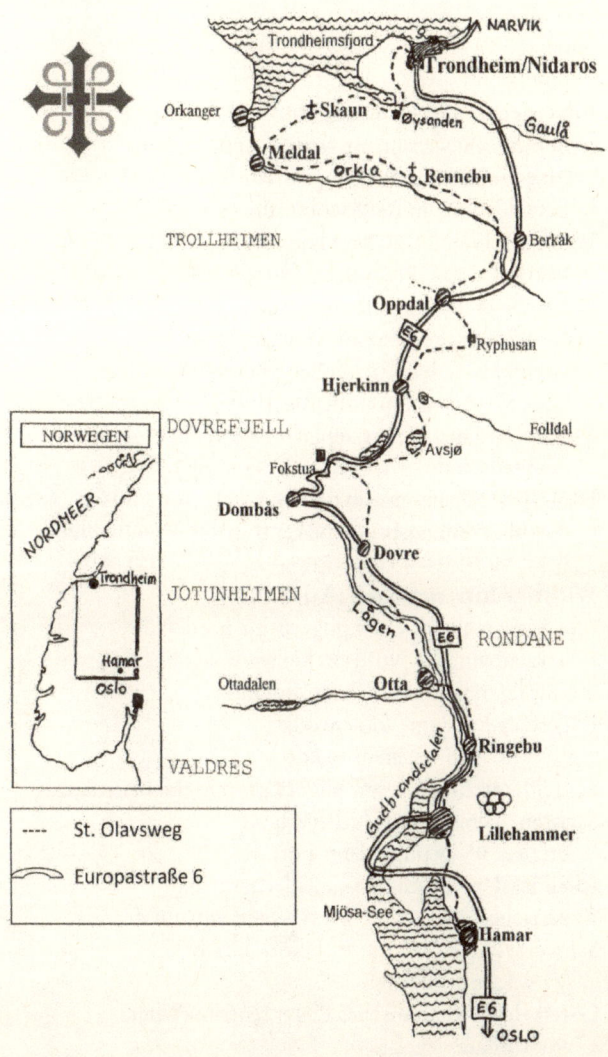

Informationen und Adressen

Pilgerzentren in Deutschland:
Hamburg: Pilgerzentrum der Ev.-Luth. Kirche in
    Norddeutschland – Hauptkirche St. Jacobi, Pilgerpastor
    Bernd Lohse: lohse@jacobus.de
Jakobikirchhof 22, 20095 Hamburg, Tel.: 040-30373713,
    Fax: 040-30373710, pilgern@jacobus.de
Deutsche Jakobusgesellschaft Aachen, Tel.: 0241-4790127,
    www.deutsche-jakobus-gesellschaft.de
Loccum: Haus der Kirchlichen Dienste Hannover,
    pilgerweg@loccum-volkenroda.de
Rothenburg o. d. T.: gaestepfarrer@rothenburgtauber-
    evangelisch.de
Frankfurt: Pilgerzentrum der Ev. Kirche von Hessen-Nassa:
    dorothea-hillingshaeuser@zentrum-verkuendigung.de

Wichtige Internetseiten (Auswahl):
Norddeutschland: www.pilgern-im-norden.de
Pilgerzentrum der Nordkirche: www.jacobus.de
www.pilgerstammtisch-hamburg.de
Pilgerweg Loccum-Volkenroda:
    www.loccum-volkenroda.de
Mitteldeutschland: www.pilgern-in-mitteldeutschland.de
Sachsen-Anhalt: www.lutherweg.de
Westfalen: www.pilgern-im-pott.de
Rheinland: www.pilgern-am-niederrhein.de
Bayerisches Pilgerbüro: www.pilgerzentrum.de
Schweiz: Pilgerzentrum St. Jakob Zürich,
    www.jakobspilger.ch
Österreich: ökumenisches Pilgerzentrum Wien,
    www.pilgerwege.at

Jakobsweg:
www.jakobus-info.de
www.fernwege.de
www.jakobsweg.info
www.jakobsweg-pilgern.de
www.deutsche-jakobswege.de
www.jakobusfreunde-paderborn.eu

Olavsweg:
www.pilegrim.info
www.olavsweg.de
www.pilgern-im-norden.de

Einige der Pilgerwege in Deutschland:
Via Jutlandica (Viborg – Schleswig – Glückstadt – Bremen)
Via Baltica (Usedom – Rostock – Lübeck – Hamburg –
    Bremen – Dortmund)
Haervejen (Schleswig – Viborg)
Mönchsweg (Glückstadt – Fehmarn)
Jacobusweg (Hamburg St. Jacobi – Hittfeld – Lüneburger
    Heide – Mariensee)
Birgittenweg (Stralsund – Kloster Tempzin – Lüneburg)
Pilgerweg Mecklenburgische Seen
Pilgerweg Loccum – Volkenroda
Sigwartsweg (Minden)
Via Regia/ökumenischer Pilgerweg (Görlitz – Vacha)
Auf und Werde (ökumenischer Pilgerweg in Nord-
    deutschland, jeweils neue Strecke)
Schola Dei (Ostfriesland – Marienharfe)
Lutherweg Sachsen-Anhalt
Elisabethpfad (Eisenach – Marburg)

Literaturempfehlungen

Franz Alt, Der ökologische Jesus, München: Goldmann 2003.

Ian Bradley, Pilgrimage – A Spiritual and Cultural Journey, Oxford: Lion UK 2009.

Helmut Brall-Tuchel und Folker Reichert, Rom Jerusalem Santiago – Das Pilgertagebuch des Ritters Arnold von Harff, Köln, Weimar, Wien: Böhlau 2009.

Paul Brunton, Als Einsiedler im Himalaya, Bern, München, Wien: Scherz 1975.

Ulrike Dorner, Bernd Lohse (Hg.), Auf und werde – Der geistliche Begleiter für Pilgerwege, Kiel: Lutherische Verlagsgesellschaft 2009.

Manfred Gerland, Faszination Pilgern – eine Spurensuche, Leipzig: Evangelische Verlagsanstalt 2009.

Lama Anagarika Govinda, Der Weg der weißen Wolken, Bern, München, Wien: Scherz 1985.

Anselm Grün, Auf dem Wege, Münsterschwarzach: Vier Türme 2005.

Klaus Herbers und Robert Plötz, Die Strass zu Sankt Jakob, Ostfildern: Jan Thorbecke 2004.

Detlef Lienau, Sich fremd gehen – Warum Menschen pilgern, Ostfildern: Grünewald 2009.

Andrea Löhndorf, Anleitung zum Pilgern, München: dtv 2010.

Bernd Lohse, Der Olavsweg – Pilgerführer von Hamar nach Trondheim, Kiel: Lutherische Verlagsgesellschaft 2011.

Bernd Lohse, Familienbande – Pilgerkrimi, Kiel: Wittig 2010.

Peter Müller, Wer aufbricht, kommt auch heim – Vom Unterwegssein auf dem Jakobsweg, Eschbach: Verlag am Eschbach 2009.

Michael Schildmann, Pilgern auf dem Olavsweg, Oldenburg: edition lichtblick 2011.

Karl Vretska, Die Pilgerreise der Aetheria, Stift Klosterneuburg bei Wien: Bernina 1958.

Helfried und Renate Weyer, Jakobsweg, Freiburg: Herder 2009.

Dies., Olavsweg – Pilgern in Norwegen, Steinfurt: Tecklenborg 2010.

Notger Wolf, Wohin pilgern wir?, Reinbek: Rowohlt 2009.

Dank

Ich danke Barbara, Bernd, Bigi, Gudrun, Helfried, Helmut, Klaus, Ludwig, Norbert, Rainer, Renate, Steinar, Ute und Werner für die schöne und gewinnbringende gemeinsame Zeit in Norwegen.

Franz Alt